KB058951

말버릇의 힘

最高に幸せになる「口ぐせ」

内藤誼人 著

株式会社 秀和システム 刊

2019

SAIKO NI SIAWASENINARU "KUCHIGUSE"

by Yoshihito Naito

Original Japanese edition published by SHUWA SYSTEM CO., LTD., Tokyo.

1日 1틈 긍정의 말이 불러온 기적 같은 변화

말버릇의
힘

나이토 요시히토 지음 ― 김윤경 옮김

비즈니스북스

말버릇의 힘

1판 1쇄 발행 2021년 9월 7일
1판 6쇄 발행 2023년 1월 31일

지은이 | 나이토 요시히토
옮긴이 | 김윤경
발행인 | 홍영태
편집인 | 김미란
발행처 | (주)비즈니스북스
등 록 | 제2000-000225호(2000년 2월 28일)
주 소 | 03991 서울시 마포구 월드컵북로6길 3 이노베이스빌딩 7층
전 화 | (02)338-9449
팩 스 | (02)338-6543
대표메일 | bb@businessbooks.co.kr
홈페이지 | http://www.businessbooks.co.kr
블로그 | http://blog.naver.com/biz_books
페이스북 | thebizbooks
ISBN 979-11-6254-233-0 03190

* 잘못된 책은 구입하신 서점에서 바꾸어 드립니다.
* 책값은 뒤표지에 있습니다.
* 비즈니스북스에 대한 더 많은 정보가 필요하신 분은 홈페이지를 방문해 주시기 바랍니다.

비즈니스북스는 독자 여러분의 소중한 아이디어와 원고 투고를 기다리고 있습니다.
원고가 있으신 분은 ms1@businessbooks.co.kr로 간단한 개요와 취지, 연락처 등을 보내 주세요.

우리가 행복해지는 비결은
그리 멀리 있지 않다.

모든 좋은 일은
말버릇에서 시작된다

"여러분은 지금보다 더 행복해지고 싶은가요?"

이런 질문에 "아니요."라고 대답할 사람이 세상에 있을까? 대부분의 사람들이 입을 모아 "행복해지고 싶어요!"라고 대답할 것이다.

그렇다면 질문의 방향을 조금 바꿔보자.

"그럼 여러분은 행복해지기 위해 매일 어떤 일을 하고 있나요?"

스스로에게 이 질문을 던져보자. 당신의 대답은 무엇인가? 이번에는 침묵만이 되돌아올 가능성이 크다.

이처럼 많은 사람들이 늘 '행복해지고 싶다'고 간절히 바라면서도 정작 '행복해지기 위한 노력'은 아무것도 하고 있지 않은 것이 현실이다. 생각해보면 굉장히 의아한 일이다. 행복해지기 위한 아무런 행동도 하지 않는데 어떻게 행복해질 수 있단 말인가? 무언가를 얻으려면 반드시 어떤 행동을 취해야만 하는 게 이 세상의 당연한 이치인데 말이다.

물론 이는 결코 여러분의 잘못도 아니고 여러분이 이상해서 그런 것도 아니니 걱정은 내려놓기를 바란다. 여러분은 그저 '행복해지기 위한 방법'을 아직 모를 뿐이다. 방법을 모르니 행복을 위한 노력도 하지 못했을 뿐이다. 그러니까 안 한 것이 아니고 못 했다는 이야기다. 적어도 이 책을 만나기 전까지는 분명 그러했을 테다.

행복은 저절로 찾아오지 않는다. 누구에게는 오고 누구에게는 오지 않는 행운 같은 것도 아니다. 행복은 노력을 통해 얻을 수 있는 것이며 행복해지기 위한 '방법'도 엄연히 존재한다. 그리고 그 방법을 제대로 실천에 옮기기만 하면 누구든 행복해질 수 있다.

'뭐! 진짜 그런 방법이 있단 말이야?'

'늘 불행하기만 했는데 이런 나도 행복해질 수 있는 거야?'

'지금껏 별 볼 일 없는 인생을 살았는데 행복해지는 게 정말 가능할까?'

누구나 이런 의문이 들 것이다. 하지만 다시 한번 말하건대 행복해지는 방법은 분명 존재한다. 심리학에서 밝혀낸 여러 노하우만 잘 활용하면 누구든 분명 행복에 가까워질 수 있다.

그리고 심지어 그리 대단한 노력이 필요하지도 않다. 폭포수를 맞으며 수행을 할 필요도, 수십 킬로미터를 뛰며 신체를 가혹하게 단련할 필요도 없다. 그저 자신도 모르는 사이에 매일 입에 달고 살던 '말버릇'들을 조금 바꾸기만 하면 된다. 단지 그것만으로도 우리는 얼마든지 행복해질 수 있다.

지금으로선 반신반의하거나 아직 의심하는 마음이 더 클 테지만 그래도 상관없다. 속는 셈 치고 한번 책의 앞 30쪽까지만 읽어보자. 그렇게 30쪽까지 읽어본 후에 '오, 이 정도는 나도 할 수 있겠다!'라는 마음이 든다면 그때 이 책의 마지막 쪽까지 함께해주길 기쁜 마음으로 기다리겠다.

이 책에는 여러분을 행복으로 이끌어줄 마법 같은 방법들이 가득하다. 이제 당신에게 다가올 행복을 위해서 그 방법들을 하나하나 만나보기만 하면 된다.

그럼 시작해보자.

나이토 요시히토

차례

제1장

인생을 180도 바꾸는 말버릇의 힘

제6장

나쁜 감정을 날려버리는 '생각 전환'의 말버릇

인생을 180도 바꾸는 말버릇의 힘

불행을 부르는 말,
행복을 부르는 말

이 책은 '행복해지는 법', '긍정적으로 인생을 사는 법'을 알려주는 책이다. 행복의 기본 원리는 놀라울 만큼 간단해서 다음과 같이 한 문장으로 정리할 수 있다.

"행복해지고 싶거든 행복한 말을 입에 담아라."

단지 이뿐이다. 정말로 이 문장 하나만 명심하면 된다. 어떤가? 생각보다 매우 간단하지 않은가?

'진짜 이게 다라고?'라며 깜짝 놀랄지도 모르겠지만 기본적으로 행복의 원리는 이 한 문장이 전부라고 해도 과언이 아니다.

정말이지 어려울 게 하나도 없다.

간혹 우리 주위를 둘러보면 불행만 이어지는 듯한 '박복한' 인생을 사는 사람을 찾아볼 수 있다. 어쩌면 이 책을 읽는 독자 여러분 중에도 자신이 그런 불행을 타고난, 뭘 해도 운이 따라주지 않는 사람이라고 생각하는 사람이 있을 것이다. 하지만 그런 사람은 타고나기가 박복하다거나 재수 없는 팔자여서 불행한 것이 아니다.

그들이 계속 불행한 이유는 습관적으로 불행한 일만 생각하고, 불행한 말만 입에 담기 때문이다. 냉정하게 말하자면 자업자득이라고 할까. 본인이 스스로를 불행하게 만드는 데 일조하는 셈이다. 반면 무엇을 하든 운이 좋은 사람은 항상 긍정적인 말만 입에 담는다. 그렇기에 결과적으로 점점 더 행복해진다.

말이 안 되는 이야기라고 생각하는가? 그렇지 않다. 이는 연구로 증명된 틀림없는 사실이다. 캐나다 케이프브레튼 대학교의 스튜어트 매캔Stewart McCann 심리학 명예교수가 수행한 연구를 살펴보자.

그는 14만 명 이상의 트위터 계정과 그 트윗 내용을 면밀히 분석했고 그 결과 놀라운 결론을 도출해냈다. 바로 불행한 사람은 트위터에 부정적인 말만 올리고 행복한 사람은 긍정적인 말만 올린다는 사실이었다. 연구에 따르면 행복한 사람은 "왠지 요즘 컨디션이 엄청 좋아!", "오늘은 하늘이 맑아서 기분까지 상쾌함!" 같은 긍정적인 트윗을 자주 올렸다. 반면에 "아, 회사 가기 싫어~", "우리 회사 진짜 짜증 나!"같이 부정적인 트윗을 자주 올리는 사람일수록 인생을 즐기지 못한다는 사실이 밝혀졌다.

매캔 교수는 이처럼 트위터에 긍정적인 내용만을 올리는 사람을 '해피 트위터'Happy twitter라고 일컫는다. 행복해지고 싶거든 SNS뿐만 아니라 현실에서도 '해피 트위터'가 되어야 한다는 사실을 명심해야 한다.

한 가지 더 흥미로운 점을 덧붙이자면 매캔 교수는 '해피 트위터'일수록 부자가 될 확률 또한 높아진다는 사실을 밝혀내기도 했다. 긍정적인 말에는 이처럼 좋은 결과만을 불러오는 불가사의한 힘이 깃들어 있다.

행복한 척을 해야
행복해진다

"항상 긍정적인 말을 하라고 하지만 현실에서는 짜증 나는 일만 생겨. 그런데 어떻게 긍정적으로 생각할 수 있겠어?"

긍정적으로 말하는 습관을 들이라고 이야기하면 많은 이들이 이렇게 반문하곤 한다. 하지만 이는 인식의 문제다. 긍정적인 사람이기 때문에 긍정적으로 말하는 것이 아니라 긍정적으로 말하기 때문에 결과적으로 긍정적인 사람이 되는 것이다. 여기서는 일단 '긍정적인 사람인 척'을 하는 것이 핵심이다.

가령 속으로는 '내게 이런 짜증 나는 일이 생기다니!'라는 마음이 들어도 "난 언제나 행복해!"라고 되뇌어보자. 이때는 실제 입으로 소리를 내어 말해야 효과적이다. 그렇게 '행복한 척'을 하다 보면 진짜 행복한 기분으로 바뀌게 된다.

"슬퍼서 우는 게 아니라 우니까 슬퍼진다."라는 말을 들어본 적 있는가? 유명한 심리학 이론으로, 사람의 마음이나 감정은 자신이 어떤 행동을 하느냐에 영향을 받는다는 개념이다. 심리학에서는 이와 관련하여 제임스-랑게 이론James-Lange theory이라는 정서 이론이 존재한다. 미국의 심리학자 윌리엄 제임스William James와 덴마크의 심리학자 칼 랑게Carl Lange가 거의 같은 시기에 주장한 가설이라 두 사람의 이름을 따서 제임스-랑게 이론으로 불린다. 감정이나 정서가 먼저 생긴 후에 신체적 변화가 뒤따르는 것이 아니라 신체적 변화에 대한 지각이 곧 감정을 유발하고 감정보다 우선한다는 견해다.

예를 들어 짜증 나는 일로 기분이 언짢다가도 행복한 일을 소리 내어 말하다 보면 화난 감정이 누그러지고 기분이 정말 좋아진다. '행복하기 때문에' 행복을 말한다기보다 '행복을 말하다 보면 행복해지는 것'이다.

물론 말뿐만 아니라 표정도 효과적인 방법이 될 수 있다. 설사 마음에 들지 않는 일이 생기더라도 일부러 생글생글 웃어보자. 이는 물론 가짜로 만들어낸 표정이다. 하지만 가짜 웃음이라도 1분 동안 웃는 얼굴을 유지하면 어떻게 될까? 왠지 기분이 밝아지면서 정말로 웃음이 터져 나오게 된다.

이와 관련하여 독일의 사회심리학자인 프리츠 슈트라크Fritz Strack가 진행한 실험이 하나 있다. 슈트라크는 남자 대학생 92명을 두 그룹으로 나눠 한 그룹에게는 입꼬리를 올려서 '방긋' 웃는 얼굴을 만들도록 했고 다른 그룹에게는 계속 인상을 쓰고 있으라고 요청했다. 그리고 두 그룹에게 같은 내용의 만화책을 읽게 했다. 연구자들은 이후 만화가 얼마나 재미있었는지 물어보았는데 놀랍게도 억지로 입꼬리를 올려 웃음을 지은 그룹이 찡그린 표정을 지은 그룹보다 훨씬 더 만화가 재미있었다고 답했다. 어떤 표정이었느냐에 따라 똑같은 내용도 더 재미있게 받아들인 것이다. 표정과 마찬가지로 어떤 행동을 취하느냐에 따라서도 기분은 180도 달라진다. 그러니 행복해지고 싶거든 행복한 일만을 입에 담고 행복한 얼굴을 하는 습관을 길러야 한다.

'결국 그래봤자 꾸며낸 표정이고 가짜 아냐?!' 하고 의문이 들지 모르지만 조금만 참고 미소를 지으면서 긍정적인 척 연기를 해보자. 정말 놀라울 만큼 심성이 긍정적으로 바뀌는 경험을 할 수 있을 것이다.

긍정적인 태도는
웃는 얼굴에서부터

행복한 인생을 살고 싶은가? 그렇다면 출퇴근길의 지하철이나 식사 시간 등 일상 속 다양한 상황에서 항상 생글생글 웃는 습관을 들여보자. 입꼬리를 끌어올려 생긋 미소를 짓다 보면 마음이 점점 상쾌해지면서 기분 좋은 상태를 유지할 수 있다. 그렇게 기분이 좋으면 당연히 밖으로 나오는 말도 긍정적인 표현이 많아진다.

뭔가 곤란한 일이 생기더라도 '일단 웃어야지!'라고 의식적으로 생각해보자. 아무리 흥미가 없는 일이어도 "와, 이거 재밌네!" 하고 소리 내어 말하는 방법도 좋다. 이런 식으로 '웃기 훈련'을 하다 보면 결국 하루하루가 즐거움으로 가득 찬다.

혹시 지금 '재미있지도 않은데 웃음이 나올 리 없잖아!'라고 생각했는가? 행복해지고 싶다면 이런 태도는 금물이다. 앞에서 이미 언급했듯이 재미있는 일이 있든 없든 일단 웃는 것이 핵심이기 때문이다.

이와 같은 심리적인 원리는 누구나 쉽게 경험할 수 있다. 1분 동안 '하하하' 하고 크게 웃어보자. 이때 실제로 소리를 내면서 웃어야 한다. 시간을 재면서 1분간 그렇게 웃어보자. 다만 갑자기 크게 웃으면 주위 사람들이 깜짝 놀랄 수 있으니 아무도 없는 공간이나 자기 방에서 시도해보기를 권한다.

자, 1분 동안 웃기를 실제로 해보았는가? 이제 기분에 변화가 있는지 한번 체크해보자. 분명 1분 전과 비교하여 상당히 큰 변화가 생겼다는 사실을 깨닫게 될 것이다.

미국 페이러디킨슨 대학교의 심리학 박사 에린 폴리Erin Foley는 24세부터 43세 사이의 남녀를 모집하여 '1분 동안 강제로 웃기' 실험을 진행한 바 있다. 연구자들은 자발적인 웃음이 아니더라도 웃고 난 후 참가자들의 기분이 실제로 좋아신나는 사실을 밝혀냈다.

강제로 만들어낸 웃음이든 아니든 일단 웃다 보면 사람의 기분은 긍정적인 쪽으로 바뀌게 된다. 언짢던 마음도 어딘가로 홀

훌 날아간다. 그러므로 짜증이 나거나 부정적인 감정이 드는 상황에서는 "그래, 일단 웃어보는 거야!"라는 말을 습관처럼 꺼내야 한다. 그런 다음 1분 동안 크게 소리를 내며 쉼 없이 웃어보자. 분명 풀리지 않던 답답함이 어디론가 사라지게 된다.

인간관계에서 짜증이 치밀 때도 "일단 웃어보자!"라는 말과 함께 웃는 습관을 들이자. 1분 동안 실컷 웃고 나면 '내가 왜 이런 사소한 일로 화가 났을까?' 싶은 마음이 들 것이다.

인간은 본래 두 가지 상반된 감정을 동시에 느끼지 못한다. 슬픔과 행복을 동시에 느낄 수 없듯이 부정적인 감정과 긍정적인 감정은 어느 한쪽만 느껴지기 마련이다. 그러므로 웃는 습관을 통해 당신의 일상을 긍정적인 정서로 가득 채우자. 부정적인 감정은 자연히 물러나게 될 것이다.

말이 삶의 만족도를 결정한다

우리가 말하는 행복은 과연 어떻게 결정되는 걸까? 미국 일리노이 대학교의 명예교수이자 행복심리학의 권위자인 에드 디너Ed Diener에 따르면 행복은 '이상과 현실의 차이'로 결정된다고 한다.

예를 들어 연봉이 3,000만 원인 사람과 연봉이 1억 원인 사람 중 누가 더 행복할까? 이는 단순히 액수만으로는 비교할 수 없는 문제다. 행복의 성노는 스스로 얼마를 '기대하느냐'에 따라 결정되기 때문이다. 연봉으로 3,000만 원을 받으며 '그 정도면 충분히 버는 거지!'라고 여기는 사람은 분명 행복을 느낄 것이다. 이상과 현실 사이에 괴리가 없기 때문이다. 하지만 1억 원의 연봉을 받으면서도 '10억 버는 사람도 있는데 난 뭐지?'라고 생각하는 사람은 1억 원밖에 벌지 못하는 자신을 비참하다고 여기게 된다.

이 대목에서 행복해지기 위한 공식을 이미 눈치챈 사람도 있을 것 같다. 바로 커다란 이상理想이나 지나치게 원대한 꿈, 너무 많은 기대와 같은 욕구를 품지 않는 것이다. 현실 속의 내가, 지금의 자신이 이미 행복한 상태에 있다고 생각하면서 이를 직접 표현하는 습관을 들여야 한다.

"월급이 겨우 200만 원이라니!"라고 한탄하기보다 "월급으로 200만 원이나 받을 수 있다니 난 행복한 사람이야!" 하고 소리 내어 말해보자. 월급이 적다 해도 현재 굶어 죽을 상황은 아닌 경우가 대부분이다. 그런대로 생활이 가능한 정도를 유지하고 있다면 그것만으로도 행복한 삶이라고 생각을 전환해보자.

즐거운 인생을 만들고 싶다면 아무리 작고 사소한 일이라도 긍정적으로 받아들이는 말하기 습관을 들여야 한다. "반가운 소식이야!", "정말 즐거워!", "참 고마운 일이야."라고 말하는 것이다. 예를 들어 밥을 먹을 때 '고작 밥이랑 달걀프라이? 이게 다야?'라고 생각하면 있던 밥맛도 떨어진다. "갓 지은 쌀밥에 달걀프라이까지 있네. 맛있겠다."라고 말하는 습관을 들여야 언제든 맛있는 밥을 먹을 수 있다.

이상은 작으면 작을수록 실현하기 쉽고 어떤 일이든 부담스럽지 않게 받아들일 수 있다. 물론 우리는 어릴 때부터 꿈을 크게 가지라는 말을 귀가 닳도록 들어왔다. 그러나 이루기 힘든 큰 꿈을 달성하기 위해 스스로를 괴롭히는 일은 행복과 거리가 멀다.

그러니 '지금의 난 이미 행복한 상태'라고 생각하는 습관을 기르도록 하자. 비바람을 피할 수 있는 집이 있고, 끼니를 거르지 않고 식사를 할 수 있으며, 매일 출근할 회사가 있고, 거기서 매달 월급이 들어온다면 그것만으로 이미 행복하다고 여길 수 있는 사람이 되어야 한다.

"나 역시!"라는 말이
불러온 기적

인간의 생각은 현실로 이루어지는 힘이 있다고 한다. 이러한 현상을 심리학에서는 '자기 충족적 예언'Self-fulfilling prophecy 혹은 '자성예언'自成豫言이라고 부른다.

프랑스 클레몽오베르뉴 대학교의 사회심리학 교수인 장 클로드 크로아제Jean-Claude Croizet는 소위 '머리가 나쁜 사람'은 스스로 '똑똑하지 않다'는 그 믿음 때문에 정말로 지적 수행 능력이 떨어지게 된다는 사실을 연구를 통해 밝혀냈다.

'우리 집은 가난하니까 성적이 바닥일 수밖에 없어.'

'부모님의 학벌이 안 좋으니까 나도 공부를 못하는 건 당연한 거야.'

'머리가 나쁜 사람'은 보통 이런 식으로 생각하는 경향이 있다. 연구에 따르면 이들의 저조한 학교 성적은 본인의 믿음이 옳다는 사실을 스스로 어떻게든 증명하고 싶은 마음에서 비롯된 결과라고 한다.

혹시 오늘도 "어차피 나 같은 건…."이라고 계속 입버릇처럼 말하고 있지는 않은가? 이런 말로는 결코 행복해질 수 없다. '어차피 나 같은 인간은 시시한 인생을 살 게 분명해'라고 생각하면 예언의 힘에 따라 인생이 정말 별 볼 일 없는 방향으로 흘러가고 만다. 그저 그런 미래를 스스로가 불러들이는 셈이다.

마찬가지로 '어차피 난 이성한테 인기 있을 리 없어.'라고 생각하다 보면 자기도 모르는 사이에 상대가 매력을 느끼지 못할 행동을 하게 된다. 인기가 없다는 사실을 확인하면서 '거봐, 역시 내 예상대로잖아.'라며 안심하고 싶은 심리가 작용하는 까닭이다.

'어차피 난 이러이러하니까'라는 생각으로는 결코 행복해질 수 없다. 행복해지고 싶거든 우선 매일 쓰는 말버릇부터 바꿔야 한다. 이제 "어차피 난…."이라는 말 대신 "나 역시!"라는 표현을 습관처럼 써보면 어떨까?

"나 역시 노력하면 할 수 있어!"

"나 역시 갈고닦으면 반짝반짝 빛날 거야!"

"나 역시 누군가 사랑해줄 사람이 나타나겠지!"

이런 긍정적인 말을 내뱉도록 항상 의식적으로 노력하자.

'난 못생겼으니까 아무도 상대해주지 않고 일도 잘 안 풀릴 거야.'라고 생각하는 사람이 있다고 하자. 하지만 세상에는 외모가 그렇게 빼어나지 않아도 인기가 많은 사람을 얼마든지 찾을 수 있다. 조금 못생겼어도 자신의 분야에서 성공한 사람 역시 수없이 많지 않은가.

'난 학벌이 별로 좋지 않으니 성공하긴 글렀다' 같은 사고방식도 버려야 한다. 중학교 졸업이 학력의 전부지만 엄청난 성공을 거둔 경영자처럼 학벌이 낮은 사람들의 성공 사례는 전 세계에서 무수히 많이 찾아볼 수 있다. 공연한 일로 걱정할 필요가 전혀 없다는 얘기다.

그러니 "나 역시!"라는 긍정의 말버릇을 통해 자신의 가능성을 마음껏 펼치도록 하자.

슬픔과 분노를
말 한마디로 이기는 법

대부분의 사람들은 보통 실연이나 실패를 겪을 때 이 고통과 슬픔이 평생 지속되리라고 생각하는 경향이 있다. 대학 입시에 실패하면 '이제 내 인생은 끝났다'고 생각하고, 연인과 헤어지면 '그 사람이 없으면 난 이제 어떻게 살아가야 하나'라고 걱정하는 것처럼 말이다.

하지만 실제로도 그럴까? 만약 그러한 고통과 슬픔이 평생 지속된다면 좌절을 딛고 일어난 수많은 성공 스토리늘은 애조에 이 세상에 존재할 수 없었을 것이다. 이처럼 우리가 느끼는 부정적인 감정은 생각보다 그리 오래가지 않는다. 이별의 아픔도, 실패의 좌절도 영원하지 않다. 시간이 지나면 자신이 생각해도 깜짝 놀랄 만큼 '어라? 그렇게 큰일이 아니었잖아' 하고 태연히 받아들이게 된다. 기껏해야 며칠만 지나면 원래대로 돌아오니 아주 조금만 참으면 되는 일이다.

미국 버지니아 대학교의 심리학 교수 티모시 윌슨Timothy Wilson은 '자기 감정이 유지되는 기간을 과장하여 추정하는 경향'이 있는 인간의 심리 현상을 실험으로 증명하고자 했다. 이를 '지속성 편향'Durability bias이라고 한다. '편향'이란 마음속의 치우침을 의미하는데 인간은 자신이 느끼는 특정한 감정이 길게 이어지리라 생각하는 경향이 있다. 실제로는 그렇지 않은데 말이다.

윌슨 교수는 풋볼 대항전을 앞두고 풋볼 팬을 모집하여 라이벌 학교와의 시합에서 만약 자신이 응원하는 팀이 진다면 얼마나 오랫동안 분한 감정이 지속될 거라 생각하는지 설문조사를 진행했다. 이후 경기가 끝나고 나서 참가자들의 기분이 실제로 매일 어떻게 달라지는지 확인했다. 그 결과 '응원하는 팀이 지면 분한 마음이 오랫동안 지속될 것이다'라고 답한 참가자들의 예상이 크게 빗나갔다는 사실이 드러났다. 불과 며칠 사이에 아쉽고 분한 감정은 말끔히 사라졌기 때문이다.

만약 지금 마음속에서 불쾌한 감정이 치밀어 오른다면 스스로 이렇게 타일러보자.

"괜찮아. 이 감정은 그렇게 오래가지 않아."

정말 계속되는 감정이 아니니 나를 속이는 일도 아니다. 대부분의 감정은 자신이 예상한 기간보다 빠르게 사라지곤 한다.

나는 사람들 앞에서 말하는 일에 별로 자신이 없어 강연이나 세미나 자리에 가게 되면 굉장히 부끄러움을 탄다. 그래서 '난 왜 이렇게 내성적일까?' 하는 생각에 기분이 가라앉곤 한다. 하지만 이런 감정은 대체로 다음 날이면 사라진다. 부끄러운 감정도 그렇게 오래 지속되지 않는다는 사실을 필자 역시 항상 체험하는 중이다. 그런 까닭에 머지않아 다시 강연 의뢰가 들어오면 흔쾌히 수락한 뒤 후회하는 일을 반복하지만 말이다.

부정적인 감정이 드는 것을 두려워하지 마라. 지금 이 순간 느끼는 슬픔, 원망, 창피함, 분노, 굴욕이 평생 계속될 것 같지만 절대 그럴 일은 없으니 마음을 가볍게 먹도록 하자. 이것 또한 지나간다는 사실만 인지해도 마음은 한결 편안해진다.

부정적인 생각은
오래가지 않는다

앞서 부정적인 감정은 우리의 예상보다 훨씬 더 빨리 사라진다는 점을 이야기했다. 때로는 정말 깜짝 놀랄 만큼 금방 사라지기도 하는데, 이는 우리의 두뇌 시스템과 깊은 관련이 있다.

고통스러운 사건이나 감정을 언제까지고 기억해야 한다면 삶은 얼마나 괴로울까? 그래서 인간의 뇌는 스스로를 보호하고자 고통스러운 사건은 빨리 잊도록 만들어졌다. 우리의 기억 장치가 고통스러운 일은 최대한 삭제하는 쪽으로 시스템화되어 있다는 얘기다. 나에게 괜찮은 사건만을 저장하고 나쁜 기억은 빨리빨리 날려버리려 한다. 컴퓨터 메모리처럼 입력된 내용을 영구 보존하는 형태가 아니라 나의 사정에 맞는 일만 기억하도록 취사선택하는 메커니즘을 갖고 있는 것이다. 이것을 심리학에서는 '기억의 낙관 작용'이라고 부른다.

이와 관련하여 미국 오하이오웨슬리언 대학교의 심리학 권위자인 해리 바릭Harry Bahrick 교수가 진행한 연구가 있다. 그는 대학교 1학년생과 2학년생을 대상으로 수학, 과학, 역사, 외국어, 영어 이렇게 다섯 과목의 고등학교 때 성적을 떠올려보도록 했다. 이후 자신이 기억하는 바가 맞는지 집에서 결과를 찾아 비교하도록 했다. 과연 학생들은 얼마나 정확하게 자신의 성적을 기억하고 있었을까?

조사 결과, 'A'를 받았을 때 학생들은 상당히 정확하게 자신의 성적을 기억하고 있었다. 반면 'D'처럼 나쁜 성적을 받았을 때는 기억이 모호하거나 잘못 기억하는 경우가 많았다. 성적이 A인 과목은 기억이 90퍼센트가량 일치하는 결과를 보였지만 D인 과목에 대해서는 기껏해야 30퍼센트만이 정확히 기억했다.

대학교 1~2학년생에게 고교 시절은 비교적 최근에 속한다. 그럼에도 이러한 실험 결과가 나오는 것을 보면 우리의 기억 장치는 불쾌한 추억을 망각하는 쪽으로 작용한다는 사실을 분명히 알 수 있다.

그러니 지금 불쾌하고 부정적인 기분이 들어도 그리 마음에

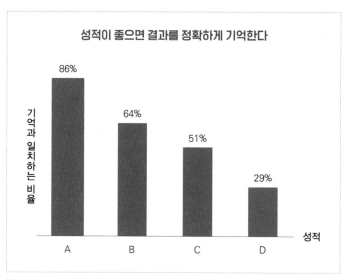

성적이 좋으면 결과를 정확하게 기억한다

기억과 일치하는 비율

86%

64%

51%

29%

A   B   C   D   성적

(출처: Bahrick, H. P., Hall, L. K., Berger, S. A., Accuracy and Distortion in Memory for High School Grades, 1996.)

담아두거나 신경 쓸 필요 없다. 어차피 머지않아 우리의 기억 시스템이 알아서 지워줄 테니 말이다.

체력이 좋아질수록
행복도 커진다

행복해지려면 결코 엉덩이가 무거운 사람이 되어서는 안 된다. 발놀림을 가볍게 하고 몸을 계속해서 움직여야 한다. 매사에 긍정적인 사람은 일상생활 속에서 늘 '이 정도 거리면 그냥 걸어갈까?', '에스컬레이터 말고 계단으로 가야지!' 등의 생각을 하며 몸을 자주 움직이는 경향이 있다.

이는 인간도 일종의 '동물'이기 때문이다. 동물動物의 한자를 살펴보면 '움직이는 생명체'란 의미가 담겨 있다. 그 의미 그대로 어떤 동물이든 움직이다 보면 신체가 활성화되면서 생기를 띠게 된다. 주위에 적당한 운동을 즐겨 하는 사람일수록 피부나 머리카락에 반들반들 윤기가 도는 걸 볼 수 있다. 그만큼 몸이 건강하다는 의미다.

이해하기 쉽게 우리에 갇힌 동물원의 동물들을 한번 떠올려보자. 힘들게 사냥할 필요 없이 사육사들이 주는 먹이를 먹고 천적이 없는 안전한 곳에 살지만 야생의 동물에 비하면 어딘가 기운이 없고 무기력해 보이지 않는가? 아무리 먹이와 안전을 보장받아도 마음껏 뛰어다니지 못하기 때문이다. 역시 동물이란 자연 속을 자유로이 뛰어다닐 때 건강해지는 법이다. 이는 인간도 마찬가지다. 그러니 귀찮다 여기지 말고 몸을 조금이라도 움직여보자. "좋아, 한번 가보지 뭐!" 이렇게 말로 내뱉으면서 말이다.

인간은 몸을 움직일 때 건강해지고 기분도 밝아지기 마련이다. 반면에 몸을 움직이지 않으면 마음이 우울해지고 푸념만 늘어놓게 된다. 미국 세인트루이스 약학대학의 사회학 명예교수인 패트릭 폰타네Patrick Fontane 역시 손쉽게 행복해지기 위한 방법으로 '운동'을 추천한다. 최근에 좀 짜증이 늘었다고 느낀다면 우선 운동 부족을 의심해보고 10분에서 20분 정도 가볍게 걸어보자. 기분이 금방 상쾌해질 것이다.

여기서 말하는 운동은 힘들지 않은 가벼운 산책 정도다. 그야말로 10분에서 20분 정도면 아주 충분하다. 다만 이러한 운동은 가능한 한 매일 하기를 권한다. 한 달에 한 번 강도 높은 운동을 하기보다 매일매일 간단하게나마 몸을 움직이는 편이 긍정적인 기분을 유지시키는 데는 훨씬 효과적이다.

오늘 회사에서 언짢은 일이 있었다면 그 감정을 집까지 가지고 가지 말자. 지하철이든 버스든 한 정거장 앞에서 내려 '그래, 걸어가야지!' 하고 마음을 정한 다음 집까지 걸어가보자. 속도를 조금 빠르게 하고 팔도 힘차게 움직이며 걷다 보면 분명 집에 도착할 쯤에는 상쾌한 기분이 되어 있을 것이다. 비가 오거나 궂은 날에는 집에서 간단한 스트레칭을 해도 좋다.

오늘 하루 느꼈던 부정적인 감정들은 몸을 움직여 모두 훌훌 털어내고 즐거운 저녁 시간을 보내며 하루를 마무리해보자.

매일 쓰는 긍정 일기의
놀라운 효과

행복해지고 싶다면 매일 의식적으로 긍정적인 내용만을 담은 일기를 써보자. 이 일기에는 절대로 불평이나 불만을 적어선 안 된다. 되도록 아주 밝은 느낌을 주는 표현만을 사용해서 일기를 써야 한다.

저명한 사회심리학자이자 미국 텍사스 대학교의 교수인 제임스 페니베이커James Pennebaker는 사람들에게 하루에 15분씩, 3일 동안 일기를 쓰게 하는 실험을 진행한 바 있다. 실험 결과, 일기를 통해서 참가자들의 대다수가 마음이 상쾌해지고 정신적으로 건강해진다는 사실을 알게 됐다. 매일 15분, 3일만 진행했는데도 이런 변화가 나타났으니 굉장히 효과적인 방법이 아닐 수 없다. 게다가 연구 팀은 이 실험을 통해서 가장 극적인 효과를 누린 참가자가 긍정적인 감정 언어를 충분히 활용하며 일기를 쓴 사람이라는 점도 밝혀냈다. 기쁘다, 즐겁다, 행복하다, 맛있다, 예쁘다 같은 긍정적인 감정 언어를 자주 사용할수록 효과가 극대화됐던 것이다.

또한 매일 긍정적인 일기를 쓰다 보면 따라오는 이점이 있다. 저녁에 긍정 일기를 쓰기 위해선 낮 동안 '긍정적인 소재'를 찾아야 하는데 좋은 소재를 찾으려고 마음먹고 행동하다 보면 긍정적인 마인드가 쉽게 자리 잡게 된다.

"와, 이 가게 음식 엄청 맛있네! 이건 일기에 써도 되겠어."

"오늘 상사한테 칭찬받아서 기뻐. 이것도 일기에 써야지."

이렇게 일기에 쓸 만한 소재를 찾으려고 하면서 긍정적인 부분에 자연스레 눈을 돌리게 되는 것이다. 나아가 부정적인 일도 긍정적으로 바라보려는 의식이 자라난다. 일하다 실수를 해 누군가에게 야단을 맞는 일은 그다지 좋은 경험이 아니다. 그렇지만 '실수를 해서 혼났지만 덕분에 이 업무를 더 정확히 파악할 수 있었다!'라고 일기에 쓴다면 이 또한 긍정적인 일로 변모한다. 이처럼 긍정 일기를 쓰는 습관을 들이면 부정적인 일도 건설적으로 받아들이는 힘이 생긴다.

사고방식에 따라서 우리는 얼마든지 긍정적인 사람으로 다시 태어날 수 있다. 그러니 언제나 긍정적인 소재를 적극적으로 찾고자 하는 의식을 지녀야 한다. 일기 쓰기는 이를 가능케 하는 상당히 효과적인 방법이니 꼭 시도해보도록 하자.

부정적인 마음은
긍정적인 말로 지워낸다

불안이나 긴장과 같은 부정적인 감정은 긍정적인 정서로 지울 수 있다. 이를 '상쇄 효과'라고 한다.

미국 노스캐롤라이나 대학교의 심리학 교수이자 긍정심리학의 권위자인 바버라 프레드릭슨Barbara Fredrickson은 불안이나 긴장, 스트레스처럼 부정적인 감정을 안고 있는 사람에게 해변에 파도가 밀려오는 영상을 감상하게 하는 실험을 진행했다. 한적한 자연 풍광이 담긴 영상은 마음의 평안을 불러오기 때문이다. 이처럼 부정적인 감정을 품고 있는 사람에게 긍정적인 정서를 유도했을 때 과연 어떤 일이 벌어졌을까?

놀랍게도 부정적인 감정이 빠르게 사라진다는 결과를 얻을 수 있었다. 프레드릭슨 교수는 심박수나 혈압 등을 체크하면서 부정적인 감정이 사라지기까지 걸리는 시간 또한 측정했는데 대략 20초 정도면 사라진다는 점도 밝혀냈다.

'아, 지겨워…. 왜 이렇게 사는 게 재미없냐', '내일 프레젠테이션을 잘할 수 있을까? 걱정돼 죽겠어' 등 부정적인 감정이 마음속에 피어날 때는 즉시 긍정적인 정서를 활용하여 이를 지워내도록 하자. 한적한 모래사장 위에서 기분 좋은 바람을 느끼며 잠든 모습을 상상하거나 햇살이 따스한 날에 공원을 산책하는 모습을 그려보는 식이다. 그렇게 20초 정도만 해도 부정적인 감정은 어느새 사라진다.

소리에 또 다른 소리를 부딪치면 소리가 사라지는 현상을 들어본 적 있는가? 노이즈를 제거하기 위해서 이어폰 등에 많이 응용되는 원리다. 이처럼 소리에 소리를 부딪치면 소음이 제거되듯이 부정적인 감정에는 긍정적인 정서를 맞부딪치는 것이 가장 좋은 방법이다. 그러니 부정적인 감정이 나를 휘감아올 때는 바로 긍정적인 정서를 맞부딪쳐서 이를 상쇄시키자. 긍정 정서를 개입시키면 부정적인 감정은 더 이상 존재할 수 없게 된다.

부정적인 감정이 일 때 '이런 생각은 그만해야지' 하는 정도로는 그 감정에서 벗어나기 힘들다. '그만두겠다'는 생각은 너무 힘이 약해서 감정의 상쇄 효과가 일어나지 않기 때문이다. 그보다 좀 더 긍정적인 상황을 상상하며 말로 표현할 필요가 있다.

"이번 프로젝트도 성과를 낸 것처럼 승진했어!"

"남쪽 섬에 가서 아름답고 광활한 바다를 우아하게 헤엄치는 거야."

"놀이공원을 하루 전세 낸 것처럼 친구랑 맘껏 즐겨야지!"

"사귀는 사람이랑 근사한 레스토랑에서 즐겁게 분위기를 내는 중이야!"

이런 식으로 자신이 즐거움을 느낄 수 있는 무언가를 상상하면서 실제로 말을 해보면 효과는 더욱 커진다.

아무리 생각해도 긍정적인 이미지가 잘 떠오르지 않을 때는 달콤한 음식을 먹어 뇌에 자극을 주자. 단 음식을 먹으면 즉시 기분이 좋아지는 효과가 있으니 이를 통해서도 부정적인 감정이 어느 정도는 상쇄될 것이다.

건강하게 오래 살기 위한 말하기 습관

부정적인 말버릇은 건강에도 좋지 않다는 사실을 아는가? 짜증을 내거나 스트레스를 안고 있다 보면 심장박동이 빨라지면서 혈압이 올라 신체에 좋지 않은 영향을 미친다. 반대로 평소 긍정적인 말하기 습관이 몸에 밴 사람은 하루하루를 기분 좋게 보내고 결과적으로 건강한 몸으로 오래오래 살게 된다. 그러니 한번뿐인 인생을 즐겁고 보람차게 보내기 위해서라도 긍정적인 말하기 습관을 반드시 들여야 한다.

말버릇과 건강의 상관관계를 연구한 흥미로운 연구가 있어 소개해보겠다. 미국 켄터키 대학교의 심리학 박사 데보라 대너 Deborah Danner는 수녀들이 수십 년 동안 쓴 일기를 보관해놓은 어

긍정적인 일기를 쓰는 사람일수록 오래 산다

구분	85세 생존율	93세 생존율
긍정적인 일기	79%	52%
부정적인 일기	54%	18%

(출처: Danner, D. D., Snowdon, D. A., Wallace, F. V., Positive Emotions in Early Life and Longevity: Findings from the Nun Study, 2001.)

느 수녀원을 대상으로 연구를 진행한 적 있다. 이 연구 팀은 먼저 수녀들이 자신의 일상사에 대하여 어떠한 감상을 느껴왔는지 분석하고, 일기에 적힌 내용만을 가지고 긍정적인 사람과 부정적인 사람을 분류했다. 그런 후 85세와 93세 시점에서 수녀들의 생존율이 어떻게 되는지 조사해보았는데 그 결과는 위의 표와 같았다.

표를 보면 일기에 긍정적인 표현을 많이 쓴 수녀들이 부정적인 일기를 쓴 수녀들에 비해서 훨씬 오래 살았다는 사실이 일목요연하게 드러난다. 똑같은 수도원 생활을 하더라도 "매일 아무런 변화가 없는 생활이라니… 정말 지루해."라고 하기보다 "하루하루 평온하고 무사하게 보낼 수 있다니 이보다 더한 행복은 없을 거야. 하느님, 감사합니다."라고 말하는 사람일수록 행복한 삶을 살며 수명도 길어지는 것이다.

'뭔가 특별한 일도 없고 내 인생은 왜 이렇게 시시할까?'

오늘도 무의식중에 이런 생각을 하지 않았는가? 이 같은 사고방식은 여러분의 몸과 정신 건강에 결코 바람직하지 않다. 대신 '오늘은 별다른 일이 없었어. 아무 일도 없다는 게 얼마나 감사한 일인지!'라고 여기도록 생각을 전환해보자. 행복해지려면 이런 식의 긍정적인 사고방식과 말하기 습관을 키우는 것이 무엇보다 중요하다.

제2장

활기찬 하루를 만드는
'의욕'의 말버릇

기분 좋은
아침을 만드는 거짓말

아침에 일어났는데 목이 왠지 따끔거리거나 미열이 있는 듯한 느낌이 들 때가 있다. 이럴 때 "아, 오늘 왠지 몸이 무거운데…." 라는 말을 입 밖으로 꺼내면 신기하게도 몸 상태가 점점 더 나빠지고 만다.

우스갯소리처럼 들릴지도 모르지만 아침에 일어났을 때는 무조건 나 자신을 속여야 한다. 숙취가 남아 있어도 "음~ 상쾌해!", "오늘도 컨디션이 최고야!"라고 말해보는 식이다. 이렇게 꾸며서라도 긍정적인 말을 꺼내면 정말 기분이 한층 나아지게 된다.

전 예일 대학교 총장이자 심리학 교수인 피터 샐러비Peter Salovey

는 감기나 독감 증상을 보이는 사람들을 모집해서 몇 개의 그룹으로 나눈 뒤, 첫 번째 그룹에게 최대한 행복한 일만 떠올리도록 지시했다. 그러자 이 그룹에서 감기에 따른 몸의 통증이 가라앉는 결과가 나타났다. 게다가 얼마나 있어야 몸이 회복되리라고 예상하는지를 묻는 질문에 '곧 좋아질 것'이라고 답한 비율도 높았다. 긍정적인 사고방식이 감기를 물리치기도 한다는 사실이 연구를 통해 증명된 것이다.

샐러비 교수는 연구의 정확성을 높이기 위해 반대의 경우도 실험했다. 감기나 독감으로 고생하는 또 다른 그룹에게 슬픈 일을 생각하도록 지시한 것이다. 그 결과 이 그룹은 몸의 통증이 악화되는 모습을 보였으며 증상 회복에 대한 전망 역시 비관적인 경우가 많았다.

그러므로 아침에 일어났을 때 컨디션이 별로 좋지 않다고 느낀 날일수록 더욱 신경 써서 행복한 일만 떠올리는 습관을 들이자.

'오늘은 멋진 사람을 만날 것만 같아!'

'왠지 오늘 회의는 잘 풀릴 것 같은데?'

이렇게 좋은 일, 행복한 일을 생각하다 보면 어느새 컨디션이 회복되는 것을 느낄 것이다.

우리의 몸은 어떤 마음을 먹느냐에 쉽게 영향을 받는다. 그래서 '최상의 컨디션'이 아니어도 그렇다고 생각하면 정말 컨디션이 좋아지곤 한다. 아침에 일어나서 커튼을 열었을 때 날이 기분 좋게 개어 있으면 "와, 하늘이 맑아서 행복해."라고 말해보자. 매일 이 같은 행동을 반복하다 보면 날이 갠 풍경만 봐도 괜스레 기분이 들뜨면서 행복해진다. 반대로 비가 내리면 비 오는 날만의 긍정적인 면을 찾아보자.

"비가 오면 가로수가 물을 흠뻑 머금어서 더 예쁜 것 같아."

분명 비를 피하는 데만 급급해 우산을 푹 눌러쓰던 버릇에서 벗어나 가로수를 바라보기 위해 고개를 들고 활기차게 빗속을 걷게 될 것이다.

아침부터 암울한 생각에 한번 빠지면 그날 하루가 종일 우울해진다. 그러니 무엇이 됐든 아침부터 기분이 좋아질 만한 일을 떠올리는 습관을 들이도록 하자.

'딱 1분만 더 잘래'가
에너지를 잡아먹는다

아침에 잠에서 깼음에도 바로 일어나지 못하고 이불 속에서 뒹굴뒹굴 시간을 보내는 사람들이 많다. 이유를 물어보면 좀 더자고 싶고 곧바로 일어나기엔 어딘가 억울한 기분이 들어서라고 하는데, 이러한 습관은 매우 좋지 않다. 계속해서 이불 속에 드러누워 있으면 기운이 나려야 날 수 없기 때문이다. 바로바로몸을 일으켜야 그 즉시 기운이 따라붙는다. 그러니 잠에서 깨고눈이 떠지면 일단 곧바로 일어나는 버릇을 들이자. 그냥 몸을일으키기만 해도 충분하다. 사소한 몸의 움직임만으로도 나른함이 단숨에 달아난다.

유독 아침잠이 많은 사람에게도 이는 최적의 처방이다. 그러니 잠에서 깨어났다 싶으면 우선 반사적으로 몸을 일으켜보자. 일어나 있으면 눕거나 앉은 상태보다 다음 행동으로 넘어가는 일이 수월해진다. 높은 곳에 있는 물체일수록 물리학에서 말하는 '위치에너지'가 커지듯이 몸이 일으켜진 상태여야 마음에도 에너지가 넘쳐나게 된다.

최근 몇몇 유명 기업에서는 '서서 하는 회의'가 시행되고 있다. 의자에 앉아 회의를 하다 보면 아무래도 말이 길어지면서 쓸데없이 시간만 잡아먹는 경우가 많다. 하지만 선 상태에서 회의를 진행하면 참가자들의 집중도가 한껏 높아지고 심지어 의사결정도 빨라지는 효과를 보인다.

이는 심리학적으로도 검증된 내용이다. 미주리 대학교 경영학과의 앨런 블루돈Allen Bluedorn 교수는 다섯 명씩 짝을 지은 그룹에 과제를 부여하고 결론이 도출될 때까지 걸린 시간을 측정하는 실험을 진행했다. 이때 어떤 그룹은 선 채로 회의를 진행하고 다른 그룹은 의자에 앉아 이야기를 나누도록 조건을 달리했다. 그러자 서서 이야기를 나눈 그룹은 평균 589.04초에 걸쳐 결론을 낸 반면, 앉아서 회의를 한 그룹은 평균 788.04초에 결론을 도출했다. 일어서서 회의를 진행했을 때 무려 25퍼센트나 시간을 단축한 셈이다.

이불과 한몸이 되어 계속 꾸물거려서는 결코 기운이 나지 않는다. 그러니 아침에 눈을 뜨면 "그래, 일단 몸을 일으켜야 해!"라는 말을 자동으로 내뱉는 습관을 들이자. 이때는 몸을 일으키는 데 방해가 되는 그 어떤 생각도 끼어들 틈을 주지 않는 것이 관건이다.

'딱 1분만 더 잘래….'

'일곱 시까지만 딱 자고 일어나야지….'

이런 식으로 생각하다 보면 아무리 시간이 지나도 이불 속을 벗어날 수 없다. 그러니 마치 주문을 외우듯 말을 내뱉는 동시에 몸을 벌떡 일으키자.

"좋아, 일단 일어나기만 하면 돼! 웃차!"

이불 속에서 꾸물대는 시간이 길어질수록 정신이 들기는커녕 아침부터 왠지 불쾌한 기분에 휩싸이게 된다. 아침에 일어나서 상쾌한 기분을 만끽하고 싶다면 무조건 재빠르게 몸을 일으키는 습관을 들여야 한다는 사실을 기억하도록 하자.

일의 능률이 10배 오르는
맑은 날 활용법

인간은 날씨와 계절의 영향을 생각보다 많이 받는다. 날씨가 좋으면 그 사실만으로도 기분이 들뜨거나 컨디션이 좋아지기도 한다.

그래서 날씨는 주가와도 연관성이 크다. 주가는 사람의 마음 상태에 영향을 받기 쉬운데, 맑은 날에는 기분이 들떠서인지 전반적으로 주가가 오른다는 흥미로운 연구 데이터도 존재한다.

미국 캘리포니아 대학교의 교수이자 경제학자인 데이비드 허슐라이퍼David Hirshleifer는 26개국의 주가 데이터와 각 나라의 아침 날씨에 어떠한 연관성이 있는지 알아보는 연구를 진행했는데, 놀랍게도 맑은 날에 주가가 올라가는 경향성을 포착했다(반대로 비가 오거나 눈이 오는 날에 주가가 내려가는지도 살펴봤지만 이와 관련해서는 별다른 연관성이 드러나지 않았다고 한다).

날이 상쾌하고 맑으면 누구나 행복한 기분을 느끼는 법이다. 그러니 아침에 일어나서 커튼을 열었을 때 구름 한 점 없이 맑고 파란 하늘이 펼쳐져 있다면 이렇게 소리 내어 말해보자.

"잘됐다! 오늘은 컨디션이 엄청 좋겠는걸!"

맑은 날의 이점을 살려 하루를 효율적으로 보내기 위한 방법으로 나는 '일 적금 쌓기'를 추천한다.

실제로 맑은 날에는 그렇지 않은 날보다 일의 능률이 훨씬 오르기 마련이다. 이렇게 컨디션이 좋은 날에 해야 할 일을 모아서 처리해두면 업무에 과부하가 걸리지 않는다.

인간은 로봇이 아니기 때문에 늘 같은 기분으로 업무를 처리하기가 불가능하다. 아무리 애써도 의욕이 나지 않는 날도 있고 감기에 걸려서 갑자기 컨디션이 저하되기도 한다. 그럴 때를 대비해 맑은 날에 분발해서 일을 처리해두면 일종의 '적금'처럼 쌓이면서 일의 능률이 좀 떨어지는 날에도 걱정 없이 하루를 보낼 수 있다. 한 주의 중반까지 맑은 날이 계속되리라는 예보가 있으면 그 주에 처리해야 할 업무의 대부분을 날이 좋을 때 정리해두도록 하자. 그러면 주 후반을 여유롭게 보낼 수 있을 것이다.

쾌청하니 맑은 날에는 습관처럼 "일의 적금을 쌓을 절호의 기회!"라고 외쳐보자. 날이 좋을 때마다 이렇게 말하는 습관을 들이다 보면 머지않아 "내일은 파란 하늘이 기분 좋은 하루가 되겠습니다." 하는 일기예보만 들어도 전날 밤부터 마음이 들썩들썩 설레는 경험을 하게 될 것이다.

당당한 자세가
운을 끌어당긴다

아침에 출근하는 사람들이 반드시 명심했으면 하는 내용이 있
다. 절대 고개를 숙인 채 터덜터덜 걸어선 안 된다는 사실이다.
매일 아침 수면 부족과 만성피로로 마치 좀비처럼 걸어가는 직
장인들을 많이 볼 수 있는데 그래서는 안 된다. 출근길에는 항
상 시선을 살짝 위쪽으로 둔 채 고개를 들고 성큼성큼 걸어야
한다.

그래야 하는 이유는 간난하나. 고개를 숙인 채로 걷게 되면
나도 모르게 기분이 가라앉으면서 우울한 일만 머릿속에 떠오
르기 때문이다. 등을 구부정하게 말고 고개를 숙인 자세는 패잔
병이나 낙오자가 된 듯한 기분을 느끼게 한다. 반대로 고개를

들어 바른 자세를 취하면 기분까지 밝고 명랑해진다.

운동선수들이 경기하는 모습을 유심히 살펴본 적 있는가? 선수들은 시합 도중 결코 턱을 내리지 않는다. 턱이 내려가고 얼굴이 바닥을 향하다 보면 마음가짐에서부터 지고 들어가기 때문이다. 그러니 항상 고개를 반듯하게 드는 습관부터 들여야 한다.

이는 연구 결과로도 증명된 사실이다. 독일 야콥스 대학교의 심리학과 교수인 아비드 카파스Arvid Kappas는 표정과 얼굴 각도에 변화를 준 72장의 다양한 사진을 참가자들에게 보여주면서 어떤 인상을 받았는지 알아보는 실험을 진행한 적이 있다. 그 결과 턱을 40도 각도로 들어 올린 얼굴이 보는 사람에게 가장 행복한 인상을 준다는 사실이 밝혀졌다. 반면 턱을 내린 얼굴은 '왠지 슬퍼 보이는' 인상을 줬다.

고개를 숙이는 자세가 습관이 되면 '저 사람은 항상 뭔가 분위기가 어둡다'거나 '저 사람이랑 있으면 나까지 기분이 축 처질 것 같다'는 등 좋지 않은 인상을 주게 되니 주의를 기울여 이런 습관을 고치도록 하자. 살짝 고개를 들었을 때 행복해 보인다는 점이 연구를 통해 증명된 만큼 일할 때든 걸을 때든 항상 "고개를 들고!"라는 말을 습관처럼 되뇌도록 하자. 그렇게 바른 자세를 취하다 보면 "저 사람은 표정이 참 좋아. 같이 있으면 나까지 기분이 좋아지네." 하며 어느새 주위의 평판도 달라짐을 느끼게 될 것이다. 또 고개를 바로 세우면 스스로 기분이 좋아질 뿐만 아니라 주변 사람까지도 행복하게 만들 수 있다. 자세 하나만으로 일석이조의 효과를 거두는 셈이다.

"좋아, 고개 들고 당당하게!"

집에서 밖으로 나갈 때는 항상 이렇게 되뇌면서 얼굴이 바닥을 향하지 않도록 의식하자. 턱을 살짝 들어 올리고 고개를 꼿꼿이 세워서 마치 모델이나 연예인이 된 듯 멋지게 걸어보자.

고개를 숙인 채 발밑을 보고 걸으면 결코 행복해질 수 없다. 혹시 길에 떨어진 돈을 우연히 발견하게 될지는 모르지만 그보다 더한 행운은 찾아오지 않는다. 고개를 들고 바르게 걷는 자세를 의식적으로 습관화해야 행운도 찾아오기 마련이다. 항상 곧고 당당한 자세를 취해야 기분도 그에 따라간다는 사실을 명심하도록 하자.

10살 어려지는
걸음걸이의 비밀

행복해지고 싶거든 '행복한 걸음걸이'Happy walk를 습관화하길 추천한다. 행복한 걸음걸이란 기쁘거나 즐거울 때 자기도 모르게 취하는 걷기 방식을 말한다. 예를 들어 우리는 시험에 합격하거나 좋아하는 아이돌을 실제로 볼 때 기뻐서 깡충깡충 뛰곤 한다. 기분이 좋을 때는 걸을 때도 리듬을 타면서 한 발씩 번갈아가며 가볍게 뛰어오르듯 걷곤 한다. 이렇게 걷는 방식이 바로 '행복한 걸음걸이'다.

미국 매사추세츠주 라셀 대학교의 심리학과 교수인 조앤 몬테페어Joann Montepare는 다양한 연령대의 사람들을 8미터씩 간격을 두고 걷게 하면서 이 모습을 그림자로 비추었고 48명의 판정

단에게 그 실루엣을 보여주며 인상에 대해 묻는 실험을 진행했다. 그러자 판정단의 대부분이 5~7세 정도 되는 아이들의 걷기 방식을 가장 행복한 걸음걸이로 인식했다.

주위에 다섯 살 정도 되는 아이가 있다면 그들의 움직임을 한번 자세히 관찰해보자. 그 나이대의 아이들은 스트레스를 별로 받지 않고 하루하루를 즐겁게 보낸다. 천진난만하게 뛰어다니며 에너지 또한 왕성하다. 그렇다 보니 자연스레 위아래로 리듬을 타듯이 걷는다.

아이들은 팔도 힘차게 흔들며 걷곤 한다. 이런 걸음걸이를 취하는 비율은 중학생(14~15세)이 되면서 조금씩 줄어들기 시작하다가 성인(26~28세)이 되면 좀 더 감소하는 경향을 보이고 노년(65~70세)에 접어들수록 그 비율이 점점 사라진다는 사실이 연구를 통해 밝혀졌다.

누군가에게 좋은 인상을 심어주고 싶은가? 그렇다면 늘 '행복한 걸음걸이'를 염두에 두면서 걷자. 성큼성큼 활기차게 팔도 흔들면서 마치 10년은 어려진 듯한 기분으로 걷는 것이다. 이런 식으로 걸으면 보는 사람도 덩달아 기분이 유쾌해지고 걷는 나 또한 긍정적인 기분이 된다.

걸을 때마다 "10살 어리게 걷자!"라고 스스로 일깨워주면 걸음걸이가 점점 활기차게 바뀌어갈 것이다.

경보만큼 빠를 필요는 없지만 평소 걷는 속도보다 조금 빠르게 걸으며 자연스레 리듬을 타보자. 몸에 리듬감이 생기면 신이 나면서 마음도 들뜨니 안성맞춤이다.

느릿느릿한 걸음걸이로는 기분도 처지기 쉽다. 늘 '회사에 가기 싫다'는 말을 달고 사는 사람은 걸음걸이를 봐도 어딘가 기운이 없어 보인다. 앞으로는 일부러라도 더욱 성큼성큼 활기차게 걸어보자. 걸음걸이에 따라서 얼마든지 기분도 적극적으로 바뀌는 법이다.

내뱉기만 해도
의욕이 샘솟는 말

행복해지려면 남에게 의지하기보다 무엇이든 하나하나 스스로 처리하는 습관을 들여야 한다. 신기하게도 인간은 타인에게 의지할수록 점점 나약해지는 경향이 있다. 반대로 누군가에게 기대고 의지하는 대신 스스로 무엇이든 해내는 습관을 들였을 때는 자신감이 붙고 의욕이 생긴다.

전 미국 예일 대학교 학장이자 심리학자인 주디스 로딘Judith Rodin은 한 요양 시설을 대상으로 특이한 실험을 진행했다. 이 요양원은 원래 시설에 있는 노인을 대상으로 상당히 극진한 간병 서비스를 제공하는 곳이었다. 직원들은 노인들이 그 어떤 불편도 겪지 않도록 손과 발이 되어 무엇이든 해주려고 했다. 그런

데 직원들이 많은 일을 대신 해주면 해줄수록 노인들은 점점 무기력해져갔다. 어떤 이들은 심지어 건강이 더 나빠지기도 했다. 이에 로딘 교수는 노인들이 할 수 있는 일은 무엇이든 스스로 하게끔 요양원의 방침을 바꾼 후 변화를 관찰했다. 혼자서 옷을 갈아입을 수 있는 사람에게는 스스로 옷을 갈아입게 했고 몸을 움직일 수 있는 사람에게는 요양 시설 내의 식물 돌보기를 부탁했다.

방침을 바꾸고 난 후 요양원에는 과연 어떤 변화가 있었을까? 스스로 몸을 움직여 활동하게 하자 노인들은 모두 깜짝 놀랄 만큼 생기가 넘치기 시작했다. 이전까지는 자신의 방에 틀어박혀 나오지 않던 이들이 방침을 바꾸고 나자 공용 공간에 나와서 함께 대화를 나누는 시간이 많아졌으며 활기차게 웃는 사람도 늘어났다. 게다가 25퍼센트였던 평균 사망률이 15퍼센트까지 대폭 줄어든 결과를 보였다. 친절하게 대해주고 세심하게 보살펴주는 직원들의 태도가 노인들에겐 오히려 독이 됐던 셈이다. 할 수 있는 일은 무엇이든 스스로 하도록 격려하는 편이 훨씬 바람직하단 사실이 실험으로 밝혀진 것이다.

이는 결코 노년층에게만 해당되는 사항이 아니다. 만약 직장에서 누군가에게 의지만 하고 있으면 결코 나만의 경쟁력을 키울 수 없다. 타인에게 의지하면 할수록 자신감도 부족해진다.

"그래! 스스로 해보는 거야!"

이렇게 마음먹고 무엇이든 자신의 힘으로 처리하는 습관을 들여야 한다. 혹시 화장실 세면대에 물이 튀어 있거든 먼저 나서서 물기를 닦아보자. '화장실 청소는 나와 상관없는 일'이라고 여겨선 안 된다. 사무실 휴지통이 가득 찼을 때도 솔선해서 정리해보면 어떨까? 마실 커피를 타는 김에 다른 사람을 위한 커피를 함께 준비해보는 방법도 좋다.

이처럼 사소한 일이어도 무엇이든 스스로 하려는 습관을 들여야 행복해질 수 있다는 사실을 명심하도록 하자.

맛없는 음식도 맛있게 만드는
"맛있다!"라는 주문

별로 맛이 없는 음식도 '꿀맛'이라 생각하고 먹으면 얼마든지 맛있게 먹을 수 있다. 사람의 미각은 결코 객관적인 요소들로만 결정되지 않는다. 마음먹기에 따라 미각도 변하기 마련이다.

"정말 맛있어!"

"진짜 최고야!"

점심이든 저녁이든 식사를 할 때는 음식을 입에 넣는 순간 이렇게 말하겠다고 마음을 먹어보자. 음식을 충분히 맛보지 않았어도 반사적으로 '맛있다'는 말을 하는 것이 포인트다. 음식 소개 프로그램의 리포터들이 조금 오버스럽게 맛있다고 말하는 것처럼 일종의 연기를 하면서 음식을 먹는 것인데, 이렇게 맛이 없는 음식도 맛있다고 여기면서 먹으면 정말 맛있게 느껴지는 법이다.

미국 코넬 대학교 식품 브랜드 연구소장을 맡고 있는 브라이언 완싱크_{Brian Wansink} 교수는 영화관 매점에서 2주 전에 만든 팝콘을 판매하는 짓궂은 실험을 진행했다. 2시간도 아니고 무려 2주 전에 만든 팝콘은 딱딱하거나 혹은 눅눅해서 도저히 맛이 있을 수가 없었다. 그런데도 팝콘을 먹은 사람들 중 맛이 이상하니 환불해달라거나 바꿔달라고 한 사람은 한 명도 없었다. 은연중에 우리에게 자리 잡은 '집에서 먹는 팝콘보다 영화관에서 먹는 팝콘이 더 맛있다'는 고정관념 때문이었다. 남긴 팝콘의 양을 조사해보니 갓 만든 팝콘을 구매한 고객들이 먹은 양과 비슷한 양을 먹었다는 사실도 밝혀졌다. 2주 전에 만든 팝콘이라도 관객들이 맛있다고 느끼며 실제로 먹었다는 이야기다. 이처럼 맛있다고 생각하고 먹으면 무엇이든 맛있게 느껴지는 셈이다.

"맛있는 거 먹었으니까 오후에도 힘내야지!"

"덕분에 기력 보충이 됐어!"

혹시 무언가 맛없는 음식을 먹었더라도 이렇게 말해보자. 그러면 우리의 뇌는 그 말에 속아 넘어가 정말 기운을 차린다. 아무리 맛있는 음식이어도 하나하나 트집을 잡아가며 먹으면 맛있게 느껴질 리가 없다. 반대로 그다지 맛이 없는 요리여도 '맛있다'는 말을 반복하면서 먹으면 진짜로 맛있다고 느껴진다. 인간의 미각이란 이처럼 마음먹기에 따라 달라진다.

종종 누군가 출장에서 사왔다며 간식거리를 나눠줄 때가 있다. 일상의 이와 같은 소소한 순간에도 역시 "와, 진짜 맛있다!"라고 말하면서 먹는 습관을 잊지 말자. 그렇게 즐거워하는 모습은 주는 사람에게 기쁨을 줄 뿐만 아니라 먹는 사람도 무엇이든 맛있게 먹을 수 있게 해준다.

울적한 기분을
단숨에 바꾸는 한마디

기분이 부정적인 방향으로 흐르려 할 때는 가장 좋아하는 음식을 머릿속에 떠올려보자. '음식과 긍정적인 기분이 무슨 상관이지?' 싶겠지만 사실 음식과 기분은 매우 관련이 깊다.

사람은 누구나 자기 나름대로 좋아하는 음식이 있다. 식탐이 별로 없는 사람이라도 '먹을 때마다 행복을 느끼는 음식'이 한두 개쯤은 있기 마련이다. 가리는 음식이 많은 사람도 물론 마찬가지다. 종류를 막론하고 좋아하는 음식을 배 터지게 먹는 모습을 상상하다 보면 부정적인 감정이 눈 깜짝할 사이에 사라지곤 한다.

이처럼 감정을 전환하는 데 가장 좋아하는 음식을 떠올리는 방법은 상당히 효과적이다. 심지어 누구나 단숨에 행복해지는 방법이기도 하다.

미국 클레어몬트 대학원의 심리학과 교수이자 긍정심리학의 선구자로 일컬어지는 미하이 칙센트미하이 Mihaly Csikszentmihalyi 는 규모가 큰 다섯 군데 회사의 다양한 부서와 직원을 대상으로 흥미로운 실험을 진행했다. 실험의 내용은 이러하다. 실험 참여자들에게 무선호출기를 지급하고 1주일간 계속 갖고 다니게 하면서 낮에 무작위로 호출을 한다. 그리고 호출기가 울린 순간에 어떤 생각을 하고 있었는지, 그때의 기분은 어땠는지 이 두 가지 사항을 매번 기록하도록 했다. 기록된 내용을 분석해보니 때마침 '음식'을 떠올리던 사람들이 가장 행복한 기분을 느꼈다는 결과를 얻었다.

짜증이 나거나 부정적인 생각이 들려고 하면 이처럼 좋아하는 음식을 떠올리며 단숨에 기분을 전환해보자. 너무 오랫동안 생각에 빠지면 안 되겠지만 잠깐잠깐 음식을 떠올려보는 것 정도로 핀잔을 줄 사람은 아무도 없다.

"딸기, 카레, 햄버거….."

이렇게 속으로 중얼거리면 이미지를 그리기가 좀 더 수월해진다. '이따 저녁 먹고 후식으론 젤리를 먹어야지!'라고 특정한

무엇을 생각하면 행복한가?

생각한 대상	긍정적인 분위기 점수
음식	5.42
사람	5.22
나	4.90
일	4.90

* 긍정적인 분위기는 '행복', '유쾌함' 등의 요소로 측정됐다.
(출처: Csikszentmihalyi, M., Self-awareness and Aversive Experience in Everyday Life, 1982.)

음식을 명확하게 떠올리는 것도 좋다. 이런 방법으로 긍정적인 기분을 유지하면 일에 대한 의욕도 샘솟게 되니 회사 입장에서도 바람직한 일이다.

일이 잘 풀리지 않거나 기분이 울적할 땐 가장 좋아하는 음식을 마음껏 먹는 장면을 습관적으로 떠올려보자. 이런 단순한 방법으로도 얼마든지 행복하고 긍정적인 사람이 될 수 있다.

하면 할수록 좋은 자화자찬,
"정말 잘했어!"

근무 중에 중얼중얼 혼잣말을 하는 버릇은 주변 사람에게 피해를 주기 쉽다. 하지만 '소리를 내지 않고' 나 자신과 대화를 나눈다면 누구에게도 폐를 끼치는 일이 아니다. 심지어 업무 효율이 향상되는 효과도 기대할 수 있다. 이처럼 자기 자신에게 소리를 내지 않고 말을 거는 기법을 심리학에서는 내적언어Inner speech 또는 내언어內言語라고 부른다.

전 미국 몬태나 대학교의 교수이자 임상심리학자인 필립 본스타인Philip Bornstein은 공부를 그다지 잘하지 못하는 미취학 아동을 대상으로 내적언어 기법을 활용하여 공부를 지도하는 실험을 진행했다. 아이가 연습한 내용은 다음과 같다. 먼저 선생이 모델이 되어 아이와 함께 말을 하면서 공부하는 방법을 알려준다. 아이가 어느 정도 이를 따라 할 수 있게 되면 이번에는 아이가 혼자서 말하며 진도를 나가도록 지도한다. 그러다가 점점 익숙해지면 소리를 내지 않고 속으로만 말하면서 공부하도록 유도했다.

'어… 선생님은 어떻게 했더라?'

'맞아, 먼저 도형을 그렸지.'

'우선 여기에 선을 긋는 거야.'

이런 식으로 자기 자신과 대화를 나누면서 공부하는 법을 지도하자 내적언어 기법을 배우기 전에는 10퍼센트 정도밖에 나가지 못했던 학습 진도가 70퍼센트 이상의 성취도를 보였다.

공부와 마찬가지로 묵묵히 일에만 몰두하다 보면 금세 지루함을 느끼기 마련이다. 그럴 때는 마음속에 또 하나의 내가 존재한다는 생각으로 나 자신과 대화를 나누며 일해보자. 그러다 보면 업무 효율도 높아지고 무엇보다 즐거운 마음으로 일할 수 있게 된다. 단조로운 작업이라 지루하다는 생각이 늘면 곧상 또 다른 나를 등장시키도록 하자.

'업무를 게임이라고 생각해봐. 분명 재밌게 느껴질 거야.'

우선은 이렇게 스스로를 타이르거나 개선점을 제안하는 식으로 나와의 대화를 시작하면 된다. 이런 대화가 가능해지면 한 단계 더 나아가 "정말 잘했어!", "넌 천재야!" 하며 자기칭찬도 시도해보자. 스스로를 칭찬할 줄 알면 굳이 직장 상사나 선배에게 칭찬을 듣지 않아도 즐거운 마음으로 회사생활을 이어갈 수 있다.

　나는 책을 쓰는 일을 하다 보니 기본적으로 혼자 작업하는 시간이 많다. 그래서 스스로와 대화를 자주 나누는 편이다. 그러다 보면 정말 일이 지겹게 느껴지지 않고 유쾌한 기분으로 작업을 할 수 있다. 나 또한 효과를 많이 보는 방법이니 꼭 한번 시도해보기 바란다.

유쾌하게 말하는 사람을 곁에 두면 내 말버릇도 바뀐다

어떤 직장을 가든 회사 분위기를 밝게 만드는 분위기 메이커 역할을 하는 사람이 한 명씩은 꼭 있기 마련이다. 그런 사람들과 같이 있다 보면 나도 모르게 기분이 유쾌해져 그들을 좋게 평가하게 되고 같이 시간을 보내고 싶어진다.

스스로 부정적인 감정의 고리를 끊어내고 긍정적인 마인드로 변화시킨다면 더없이 좋겠지만 그게 잘 되지 않는다면 밝고 에너지 넘치는 사람을 곁에 두도록 노력하자. 밝은 기운을 내뿜는 사람과 함께 행동하면 나의 기분도 덩달아 좋아지기 때문이다. 그러니 유쾌한 기분을 만들고 싶거든 언제나 생글생글 잘 웃는 사람 곁에 있도록 하자.

심리학에서는 이를 '감정 전염'Emotional contagion 또는 '정서 전염' 현상이라고 부른다. 이처럼 감정은 주변으로 전파되는 특징을 갖기 때문에 음침한 사람과 함께 있으면 자신의 기분까지 덩달아 가라앉게 된다. 그러니 아주 밝고 명랑한 사람 곁에 머물면서 그 사람의 밝은 에너지가 나에게까지 전염되도록 하는 편이 바람직하다.

스웨덴 웁살라 대학교의 울프 딤베리Ulf Dimberg 심리학과 교수와 연구 팀은 감정 전염과 관련하여 독특한 실험을 진행했다. 연구 팀은 120명의 대학생을 40명씩 세 그룹으로 나누어 한 그룹에는 웃는 얼굴이 담긴 슬라이드를, 두 번째 그룹에는 화난 표정이 담긴 슬라이드를, 마지막 그룹에는 무표정한 모습이 담긴 슬라이드를 보여주면서 반응을 관찰했다. 슬라이드를 보여주는 시간은 모든 그룹에게 각각 30초로 제한했다.

슬라이드를 바라보는 학생들의 표정 변화를 관찰한 결과, 연구 팀은 학생들의 얼굴이 슬라이드 속 표정과 비슷하게 바뀐다는 사실을 파악했다. 웃는 얼굴이 담긴 슬라이드를 가만히 응시하던 학생들은 점점 입꼬리가 풀리면서 히죽히죽 웃음을 띠기 시작했고 화난 얼굴이 담긴 슬라이드를 응시한 학생들 역시 부루퉁한 얼굴로 표정이 변하는 것을 알 수 있었다. 불과 30초 만에, 그것도 사진을 보는 것만으로도 이 같은 감정의 전염이 일어난 것이다.

그러니 유쾌한 기분을 유지하고 싶으면 유쾌한 사람을 곁에 두자. 그 사람의 유쾌한 에너지가 나에게 전염되도록 말이다. 회사 분위기가 경직돼 도무지 유쾌한 사람을 찾기 힘들다면 유머러스한 동영상을 잠깐이라도 보는 방법을 추천한다. 아주 잠깐이라도 즐겁고 재미난 영상을 보면 기분도 따라서 좋아진다. 그렇게 기분이 좋아지면 그 영향을 주변 사람들에게도 나눠주자.

"이것 좀 봐! 이 영상 엄청 재밌더라고!"

웃음기 없는 딱딱한 직장에서 일하고 싶은 사람은 아무도 없다. 어차피 해야 하는 일이니 가능하면 좋은 분위기 속에서 일하고 싶은 바람은 당연하다. 그러니 유쾌하게 행동하는 사람은 거북하게 느껴지기보다 어디서든 환영받는 존재가 될 것이다. 직장 내 아무도 분위기 메이커가 없다면 내가 먼저 그런 유쾌한 사람이 되어보자.

부정적인 생각을
이불 안으로 가져오지 마라

아침을 가뿐하게 시작하고 싶다면 잠드는 순간까지도 긍정적인 기분을 유지해야 한다. 그러므로 이불 속에 들어갔을 때는 무조건 좋은 일만 떠올리며 잠을 청하도록 하자.

'오늘 그건 내가 잘못한 거야!'

잠에 들려고 누웠다면 이런 식으로 반성하는 태도는 지양해야 한다. 반성은 낮 동안이나 저녁 시간까지 끝내도록 하자. 잠자리에 들 때는 무조건 기분이 행복해지는 일만 생각하는 습관이 중요하다.

미국 스탠퍼드 대학교의 명예교수이자 심리학자인 고든 바우어Gordon Bower에 따르면 기억과 정서는 밀접한 관계가 있다고 한다. 행복한 일을 회상하면 행복한 기분이 들고 슬픈 일을 떠올리면 기분도 덩달아 우울해진다는 것이다.

하루의 끝을 마감하며 잠자리에 들 때는 기왕이면 누구나 행복한 기분으로 깊은 잠에 빠지기를 바란다. 그런데 잠자리에 누워서 부정적인 일을 떠올리게 되면 어떨까? 당연히 기분 나쁜 꿈을 꾸거나 푹 잠들지 못한다. 그렇게 되지 않도록 일단 이불 속에 들어가면 부정적인 생각은 절대로 하지 않는 습관을 들여야 한다.

독일 만하임 정신건강중앙연구소의 미하엘 슈레들Michael Schredl 박사는 성격의 예민함 정도와 악몽의 상관관계에 대한 연구를 진행한 바 있다. 박사는 악몽을 꾸는 빈도를 조사하는 한편, 피험자들의 성격이 예민한 편인지 혹은 둔감한 편인지 분별하는 심리 테스트도 함께 실시했다. 그 결과 예민한 성격일수록 악몽을 자주 꾼다는 사실이 밝혀졌다.

예민함을 심리학적으로 해석하면 마음이 섬세하다는 뜻이다. 섬세함은 인간으로서 미덕이 되기도 하지만 자칫하면 '지나치게 고민하는 사람'이 되기도 한다. 그러니 잠자리에 들 때만큼은 좀 더 시원시원한 사람이 되어보면 어떨까? 부정적인 일이나 감정에 사로잡히지 않는 편이 수면의 질을 위해 바람직하기 때문이다.

"이제 부정적인 생각은 그만!"

일단 이불 속에 들어가면 이렇게 다짐하는 습관을 들이자. 그리고 인생에서 행복했던 순간들을 떠올리자. 시험에서 100점을 맞았던 일이나 동아리 활동을 하면서 큰 대회에 나가 좋은 성적을 거둔 일, 짝사랑 상대와 용기 내어 이야기를 나눈 일 등 기분이 좋아지는 기억이라면 무엇이든 좋다. 지금까지 살아오면서 행복했던 기억이 그다지 없다면 상상을 해도 상관없다. 즐겁고 행복한 일을 생각해야 잠자리가 편안해지고 상쾌한 기분으로 아침을 맞이할 수 있다는 사실을 명심하도록 하자.

제3장

자존감을 높이는
'긍정'의 말버릇

스스로에게 사소한 일탈을 선물하라

바르고 단정한 몸가짐과 성실한 태도는 인생을 살아가는 데 있어서 매우 중요하지만 스스로 너무 엄격한 잣대를 적용하다 보면 종종 숨이 막히는 듯한 기분이 들기도 한다. 그럴 때는 스스로에게 '사소한 일탈'을 한번 허락해보자. 사실 일상의 지루함과 무기력함을 한 방에 날려버리는 방법으로 소소한 일탈만큼 효과적인 것도 없다.

우리가 사는 사회에는 수많은 규칙이 존재하는데 아주 가끔 이런 규칙들을 어기면 아슬아슬한 쾌감이 느껴진다. 물론 '음주운전 금지'처럼 절대적으로 지켜야 할 규칙들은 일탈 행위에 들어갈 수 없다. 일탈은 누군가에 큰 피해를 주지 않는 사소한 행동을 아주 드물게 하는 것임을 기억하자.

미국 워싱턴 대학교의 니콜 루디Nicole Ruedy 연구 팀은 이 같은 사소한 일탈 행위가 사람에게 쾌감을 주는 현상에 '치터스 하이' Cheate's high라는 이름을 붙였다. 우리말로 번역하면 '속임수가 주는 흥분'이라는 뜻이다. 만우절에 장난스런 거짓말을 하거나 회식 자리에서 상사의 설교가 길어질 때 취해서 잠든 척하며 듣지 않는 행동은 어느 정도 용인되는 범주의 속임수다. 이런 사소한 규칙 위반이 행복에 도움이 된다면 가끔 한 번씩 사소한 일탈을 경험하는 것도 나쁘지 않은 선택이다.

거듭 강조하지만 규범을 크게 벗어나는 규칙 위반은 결코 해선 안 된다. 폭력을 휘두르거나 돈을 훔치거나 약에 손을 대는 행위는 절대 금물이다. 여기서 말하는 일탈은 이런 범죄 행위가 아닌 점심에 식사를 하면서 맥주를 한잔 곁들이는 정도를 의미한다.

이런 사소한 일탈은 생각보다 꽤 커다란 즐거움을 안겨준다. 업무 시간 중 후배와 같이 카페에 가서 커피를 마시며 잠시 '땡땡이'를 치는 일도 가끔은 해볼 만한 일탈이다. 20~30분 정도면 업무에 크게 지장을 주지 않을뿐더러 에너지를 충전하는 시간이 되기도 한다.

항상 규칙을 철저하게 지키려다 보면 누구나 가끔은 지친다. 그럴 때는 약간의 일탈도 선택지에 한번 넣어보자. 물론 스트레스가 쌓이지 않는 사람이라면 굳이 일탈을 선택할 필요 없이 늘 하던 대로 성실하게 살아가면 된다. 다만 숨이 막힐 듯 갑갑해진다면 아주 잠깐씩 사소한 일탈을 자신에게 선물해보자. 성실하고 올바른 삶을 당연히 지향해야 하겠지만 과유불급이라는 말처럼 지나치게 경직된 삶은 행복할 수 없다는 점을 기억해야 할 것이다.

긍정적인 사람은
긍정적인 것만 눈에 담는다

눈에 담았을 때 기분이 나빠지는 존재는 보지 않으면 그만이다. 기분을 상하게 하는 무언가를 굳이 쳐다보고 있을 이유는 없다. 마찬가지로 고약한 냄새를 풍기는 것은 뚜껑을 척척 덮어 가려 두면 된다. 냄새가 지독하다는 사실을 알면서도 굳이 그 냄새를 맡고 있을 필요는 없다는 얘기다.

이처럼 매사에 긍정적인 사람은 자신을 행복하게 만드는 대상만을 보고 듣는다. 불쾌한 감정을 유발하는 대상과는 무의식 중에 거리를 둔다. 그래서 행복한 사람은 언제나 긍정적인 상태를 유지한다.

'이 사람 푸념을 계속 듣다가는 나까지 우울해질 것 같아….'

이렇게 느낀 순간 긍정적인 사람은 불평만 하는 사람과 거리를 두는 특단의 조치를 취한다. 함께 있으면 자신이 행복과 멀어지기 때문이다. 즉, 이들은 '선택적 지각'을 한다. 모든 자극을 받아들이지 않고 자기의 기분을 유쾌하게 만드는 자극만을 '선택적으로' 담는 것이다.

미국 브랜다이스 대학교 심리학과 겸임 교수인 데릭 이자코비츠Derek Isaacowitz의 이론에 따르면 하루하루 즐겁게 살아가는 사람일수록 선택적 지각을 하는 비율이 높다고 한다. 다양한 사진을 슬라이드로 준비해서 사진을 응시하는 시간을 측정해본 결과, 행복한 사람은 예쁜 꽃밭이나 아름다운 해변 사진은 길게 바라본 반면, 길가에 버려진 쓰레기나 피부암이 퍼진 사진에서는 곧바로 시선을 돌리는 모습을 보였다.

긍정적인 사람이 되려면 이처럼 기분이 좋아지는 일에만 시선을 주는 습관을 들여야 한다. 기분 좋은 정보만 받아들이면 쭉 긍정적인 기분을 유지할 수 있다. 부정적인 사고방식을 가진 사람일수록 구태여 기분이 나빠질 만한 자극에 자신을 노출시키는 우를 범한다. 이를테면 공원을 산책하는 동안에는 그냥 아름다운 자연을 만끽하면 되는데 여기저기 버려진 쓰레기에 굳이 눈길을 주면서 괜히 스트레스를 받는 것이다. 부정적인 자극만 받아들이는 이유를 알 수는 없지만 그런 쪽을 바라볼수록 행복과는 점점 멀어진다는 사실을 인식해야 한다.

행복을 위해 부정적인 일은 되도록 멀리하도록 하자. 부정적인 사람과 가까워지는 상황도 피해야 한다. 부정적인 사람이 곁에 있으면 자신의 성격마저 비뚤어질 가능성이 있으니 그런 사람과는 가급적 거리를 두는 편이 바람직하다. '군자는 위험을 가까이하지 않는다'는 말처럼 좋은 기분을 망치는 위험 요소와는 무엇이든 거리를 두는 습관을 들여야 한다.

"어디에서 아름다움을
찾을 수 있을까?"

긍정적인 사람은 딱히 자각하거나 의식하지 않고도 세상의 아름다운 부분만을 바라보는 경향이 있다. 그래서인지 그들의 눈에 세상은 온통 장밋빛이다. 늘 아름다운 대상에만 시선을 두니 장밋빛으로 보이는 것도 어찌 보면 당연하다. 반면 매사에 부정적인 사람은 불쾌하게 만들 만한 대상에 시선을 주려는 경향이 강하다. 그렇게 주위에 불쾌한 일들만 가득하니 불행할 수밖에 없다.

그렇다면 언짢은 일이 생겼을 때 어떻게 해야 긍정적인 기분으로 거듭날 수 있을까? 방법은 간단하다. 의식적으로 아름다운 것을 찾아 바라보면 된다. '주위에 아름다운 게 하나도 없어.'

무엇을 바라본 후 장래를 밝게 전망하는가?

아름다운 대상	중립적인 대상	불쾌한 대상
4.46	3.42	2.77

(출처: Lench, H. C., Automatic Optimism: The Affective Basis of Judgments about The Likelihood of Future Events, 2009.)

라고 한탄하지 말고 의식적으로 그런 대상과 사물을 찾아보자. 그러다 보면 조금씩 행복한 사람으로 바뀌어갈 수 있다. 아름다운 것을 즐겨 볼수록 사람은 행복을 느끼기 때문이다.

텍사스 A&M 대학교의 심리학과 교수 헤더 렌치Heather Lench는 다양한 영상 이미지를 준비해서 대학생들에게 이를 바라보도록 하는 실험을 진행한 바 있다. 영상 이미지 속에는 아름다운 대상(이리저리 뛰어노는 강아지, 활짝 웃는 얼굴의 아기) 등과 중립적인 대상(전원 코드, 트럭 등), 불쾌한 기분을 유발하는 대상(험상궂게 짖는 개, 총을 든 괴한 등)이 담겨 있었다. 렌치 교수는 이들 영상을 보여주고 난 후 학생들에게 자신의 장래를 얼마만큼 긍정적으로 예상하는지 7점 만점을 기준으로 점수를 매겨보도록 했다. 그에 대한 답은 위의 표와 같았다. 아름다운 영상을 본 사람일수록 장래에 대해 긍정적인 전망을 갖는다는 사실이 실험을 통해 증명된 셈이다.

나도 모르게 앞날에 대해 비관적인 생각만 자꾸 떠오른다면 가능한 한 아름다운 대상을 찾아서 바라보도록 하자.

"어디에서 아름다움을 찾을 수 있을까?"

이 말을 습관처럼 내뱉으면서 평상시 생활 속에서 마음을 들뜨게 하는 대상을 찾아보면 많은 도움이 될 것이다.

'어? 매일 출근하는 길인데 이런 곳에 화단이 다 있었네?'

'와, 여기 민들레가 피어 있어!'

'어머, 귀여운 고양이가 걸어간다!'

보기만 해도 기분이 신나고 즐거워지는 대상을 일부러 찾아내고 바라보는 습관을 들이면 비관적인 성격도 얼마든지 바꿀 수 있다.

사랑은 복권 당첨보다
더 큰 행복을 준다

사랑에 빠지면 눈에 보이는 모든 대상이 반짝반짝 빛나 보인다고 한다. 근사한 누군가를 사랑하는 일은 그 사랑이 이루어지든 이루어지지 못하든 사람을 행복하게 해준다고 알려져 있다.

미국 오하이오 주립대학교의 심리학과 명예교수인 테리 페티존Terry Pettijohn은 150명의 대학생을 대상으로 '당신은 어떨 때 행복을 느끼는가?'라는 설문조사를 진행했다. 그 결과 많은 학생들이 '사랑에 빠졌을 때'를 1순위로 꼽았다. 남성은 응답자의 63.9퍼센트가, 여성은 그보다 더 많은 87.6퍼센트가 사랑에 빠지면 행복해진다고 답한 것이다. 놀랍게도 이는 2위를 차지한 '복권 당첨'의 비율(남성 14.8퍼센트, 여성 7.9퍼센트)과는 비교도 되지 않을 만큼 높은 수치였다. 사랑에 빠지는 일이 단연코 행복의 1순위라는 말이다.

그러니 행복해지고 싶거든 사랑을 시작해보자. 꼭 남녀 간의 사랑이 아니어도 상관없다. 직장 동료든 출퇴근길에 자주 마주치는 사람이든 '개인적으로 친해지고 싶은' 대상이 생기면 그 사실 하나만으로도 하루하루가 즐거워진다. 과거 학창 시절만 떠올려봐도 잘 알 수 있다. 같은 반에 좋아하는 아이가 생기면 가기 싫었던 학교도 빨리 달려가고 싶지 않았는가?

그런 의미에서 누군가를 사랑하는 일은 계속되어야 한다. 물론 이를 실제로 바람을 피우고 문제를 일으키라는 말로 오해하는 사람은 없을 것이다. 그 대상이 배우자든 연예인이든 마음속으로 누군가를 좋아하고 아끼는 정도의 사랑은 행복에 도움이 된다는 의미다. 그러니 주저 말고 마음껏 사랑에 빠지자.

"와, 이 배우 오늘 정말 멋있다!"

좋아하는 아이돌이나 연예인을 보면서 이렇게 중얼거리기만 해도 기분이 행복해진다. 어떤 형태로든 사랑은 인생을 더욱 풍성하게 만들어주는 열쇠가 될 것이다.

'왜?' 대신 '어떻게?'를
물어야 하는 이유

우리는 고민이나 걱정거리가 생겼을 때 흔히 '도대체 왜?', '어째서?'라고 생각하면서 답을 찾는 경우가 많다.

'나는 왜 이렇게 낯을 가릴까?'

'나는 어째서 이렇게 의지력이 약하지?'

하지만 아무리 생각해봤자 답은 나오지 않는다. 애초에 이런 '왜'를 묻는 사고방식으로는 뭔가 좋은 해결책이 나올 리 없기 때문이다.

그렇다면 어떤 식으로 질문을 하면 좋을까? 답은 간단하다. '어떻게 하면 될까?'라는 말을 습관화하면 된다. '왜'라고 이유를 묻는 대신 '어떻게 하면 되는지' 방법을 찾는 질문을 던지도록 하자. 그렇게 습관적으로 말하다 보면 질문에 대한 답을 찾기 위해 다양한 방법을 고민하게 된다. 이 편이 '이유'를 궁금해하는 것보다 훨씬 건설적이다.

'나는 왜 이렇게 낯을 가릴까?' 하고 '이유'를 문제 삼으면 이렇다 할 답이 보이지 않아서 계속 괴롭고 답답한 기분이 든다. 하지만 '어떻게 하면 좋을지'를 고민하면 '우선 인사만 제대로 하는 걸 목표로 삼자'는 등 자기 나름대로 수긍할 만한 답을 도출할 수 있다.

독일 코블렌츠–란다우 대학교의 심리학과 교수였던 귄터 뮐러Günter Müller의 연구에 따르면 남보다 앞장서서 적극적으로 행동하는 사람일수록 이 같은 건설적인 사고 패턴이 습관화되어 있다고 한다.

'왜 나는?', '어째서?'라고 생각하는 동안에는 어떠한 행동도 취할 수 없다. 막다른 길에 갇힌 듯 아무런 진전도 없이 똑같은 생각만 반복하는 것이 고작이다. 완벽한 정답을 찾아낼 확률이 제로에 가깝다. 반면에 '어떻게 하면 좋을까?'의 사고방식을 가지면 '우선 무엇무엇을 해보자'라는 건설적인 아이디어가 떠오르게 된다. 생각한 아이디어가 좋은 결과로 이어질지는 아무도 모르지만 일이 잘 풀리지 않으면 그때 가서 다시 '이 아이디어는 별로 성과가 좋지 않았어. 그럼 다음엔 어떻게 하면 좋을까?'라고 고민하면 된다.

'도대체 왜? 어째서?'

문제가 발생했을 때 항상 이런 생각에 빠지게 된다면 "일단 어떻게 하면 좋을까?"라고 말하는 습관을 들여보자. 말버릇 하나만 바꿔도 해결책이 놀라울 만큼 간단하게 떠오르는 경험을 하게 될 것이다.

"스티브 잡스라면
어떻게 했을까?"

마음속에 해결되지 않은 고민이 있다면 말하기 습관을 바꾸는 것 외에도 효과적인 또 다른 방법이 있다. 바로 다른 사람의 입장이 되어 '○○라면 이럴 때 어떻게 할까?'라고 자신의 고민을 객관적으로 바라보는 방법이다.

미국의 제26대 대통령이었던 시어도어 루스벨트는 어려운 문제에 부딪힐 때면 언제나 벽에 걸려 있던 링컨의 초상화를 바라보면서 '링컨이라면 이 문제를 어떻게 해결했을까?'라며 고민했다고 한다. 이처럼 짜증이 나거나 울컥 화가 치밀 때는 이성적이고 별로 화를 내지 않을 법한 인물을 한번 떠올려보자. 링컨 같은 위인이나 개인적으로 당신이 존경하는 인물도 좋으니 그 사람의 입장이 되어 생각해보자. 그렇게 구체적인 인물들을 그려보면서 그 사람이 됐다고 가정하면 어느새 마음이 차분하게 가라앉곤 한다.

이 같은 방법을 심리학에서는 '모델링'Modeling 또는 모방학습이라고 부른다. 본보기가 되는 사람을 흉내 내는 것이기에 모델링이라 부르는데 이러한 모델링은 자신의 사고 패턴이나 행동을 바꾸는 데 상당히 효과적이다.

미국 루이지애나 주립대학교의 심리학 교수인 프랭크 그레셤 Frank Gresham은 학교에 가기 싫어하는 문제를 가진 초등학생 80명을 대상으로 모델링 학습법을 가르치는 연구를 진행했다. 연구팀은 대상 학생들에게 반에서 인기 있는 학생이 됐다고 가정하게 한 후 '인기 있는 친구라면 어떻게 할까?'라고 생각해보게 하거나, 실제로 인기가 많은 학생이 학교에서 생활하는 모습을 비디오로 촬영하여 어떻게 행동하는지 보여주었다. 결과는 놀라웠다. 모델링 학습을 시작하고 3주가 지나자 학교에 가기 싫어서 방에 틀어박히기 일쑤였던 아이들이 태도가 확연히 달라진 것이다. 같은 반 학생들한테 인기 점수를 매겨달라고 해서 나온 결과에서도 모델링 학습을 시도한 이후 아이들의 인기 순위가 올라갔다.

중요한 프레젠테이션을 앞두고 너무 긴장해서 진정이 되지 않는 상태인가? 그럴 때는 "스티브 잡스라면 어떻게 했을까?" 하고 말하며 찬찬히 생각해보자. 자신이 안고 있는 고민을 혼자서만 해결하려 하면 좀처럼 일이 잘 풀리지 않는다. '그 사람이라면 어떻게 할까?'라고 모델을 하나 정한 후에 그 사람이 됐다고 가정하여 문제를 다른 방향에서 고민하면 생각지도 못한 해결 방법을 찾을 수도 있다. 프레젠테이션의 신이라고 불린 잡스를 따라 하려고 노력하면 여러분도 분명 성공적인 프레젠테이션을 할 수 있을 것이다.

"나는 천재"라고 말하면
진짜 천재가 된다

당신이 동경하고 존경하는 인물이 있다면 고민이나 문제를 해결해야 할 때 '그 사람이라면 어떻게 할까?'라고 생각하는 것을 넘어 그 사람의 모든 행동을 한번 따라 해보자. 이 또한 일종의 모델링으로, 동경하는 인물의 몸짓이나 행동, 말투 등을 따라 하다 보면 정말로 그 대상과 비슷해질 수 있다.

일본의 유명 판화가인 무나카타 시코棟方志功는 어렸을 적 고흐의 그림에 감동을 받고 "난 고흐가 될 거야!"라고 외쳤다고 한다. 빌 게이츠가 나폴레옹을 존경한다는 이야기 역시 널리 알려진 사실이다. 이들처럼 자신이 동경하는 대상을 항상 머릿속에 그려보도록 하자. 이런 습관을 들이면 여러분도 분명 동경하는 대상과 가까워질 수 있다.

그리고 이때는 최대한 강렬하고 선명하게 대상의 이미지를 떠올려야 한다. 스스로 끊임없이 암시를 걸듯 생각하는 것이 이 습관의 핵심이다.

러시아의 심리학자인 블라디미르 라이코프Vladimir Raikov 박사는 참가자들을 대상으로 최면과 암시의 효과를 알아보는 실험을 진행한 적이 있다.

"당신은 러시아의 작곡가 세르게이 라흐마니노프입니다."라 거나 "당신은 비엔나의 천재 바이올리니스트 프리츠 크라이슬 러입니다." 하는 식으로 최면을 건 후 악기를 연주하게 하자 평 범한 참가자들이 마치 해당 음악가가 된 듯 훌륭한 연주를 선보 였다는 연구 결과가 있다.

또한 "자신을 프랑스의 수학자 앙리 푸앵카레라 생각하고 문 제를 풀어보라.", "자신을 러시아의 수학자 안드레이 콜모고로 프라고 가정하라." 하고 최면을 건 후 수학 문제를 풀게 하자 역 시 높은 점수를 받았다는 점도 밝혀졌다.

'나는 진짜 그 사람처럼은 안 되는구나….'

자기 암시를 걸 때 이런 생각은 결코 바람직하지 않다. 암시 가 가진 힘을 약하게 만들기 때문이다. 진심 어린 마음으로 자신도 동경하는 인물처럼 될 수 있다고 믿어야 한다. 라이코프 박사의 실험에서도 최면이나 암시를 의심할수록 그 효과가 잘 나타나지 않았다.

"나는 그 사람처럼 될 수 있어!"

동경하는 대상을 항상 머릿속에 그리면서 이렇게 습관처럼 말해보자. 꿈같은 이야기라고 생각되는가? 밑져야 본전이라는 생각으로 한번 시도해보기를 권한다. 자기 암시의 힘으로 동경하는 사람을 정말로 닮아가는 기적을 경험하게 될 것이다.

또박또박 쓴 글씨가
게으름을 물리친다

가끔 스케줄 등을 적을 때 본인조차 알아보기 힘들 정도로 개발새발 메모를 하는 사람들이 있다. '어차피 나 혼자 볼 건데 뭐 어때?' 하는 생각으로 이렇게 쓰곤 하는데 만약 글씨와 행동 간의 밀접한 상관관계를 안다면 결코 이런 메모를 하지 않을 것이다. 늘 생기 넘치고 좋은 기분을 유지하고 싶다면 메모를 쓸 때도 깔끔하고 한눈에 알아보기 쉽게 쓰도록 항상 유의해야 한다. 글자를 알아보기 쉬워야 어떤 일이든 거뜬히 해낼 수 있는 의욕이 샘솟기 때문이다.

사람은 보통 알아보기 힘든 글씨를 보면 본능적으로 '귀찮다'는 마음이 든다고 한다. 스케줄러에 적힌 글씨가 한눈에 들어올

때는 '이런 일은 아침 먹기 전에 해치워야지!'라고 의욕이 생기지만 알아보기 힘들게 적혀 있으면 왠지 마음이 내키지 않으면서 행동도 주저하게 된다는 얘기다.

예를 들어 다음 두 종류의 글자를 한번 비교해보자. 어느 쪽이 좀 더 간결해 보이는가?

오후 5시까지 리포트 10장 쓰기

오후 5시까지 리포트 10장 쓰기

아마 위쪽에 있는 문장을 봤을 때 몸이 좀 더 쉽게 움직일 것이다. 머릿속에서 정보를 처리하는 데 어려움을 겪으면 행동 역시 귀찮다고 느껴지기 때문이다.

미국 애리조나 주립대학교의 응용심리학 조교수 송현진 박사는 가독성 좋은 'Arial' 폰트와 가독성이 나쁜 'Brush' 폰트를 각각 12포인트로 동일하게 사용하여 '운동 습관'에 대해 질문하는 실험을 진행했다. '당신은 얼마나 쉽게 운동을 시작할 수 있을까?'라는 문장을 두 가지 폰트로 타이핑하여 질문하고 이에 대한 답을 점수로 매기도록 한 실험이었다. 그 결과 가독성이 좋은 폰트를 본 사람들은 7점 만점 중에 평균 4.8점을, 가독성이 나쁜 폰트를 본 사람은 평균 3.5점의 점수를 주었다.

이는 글자가 읽기 힘들수록 행동에 착수하는 일을 귀찮게 여긴다는 점을 잘 보여준다. 송현진 박사는 '운동할 의욕이 어느 정도 있는지'에 관해서도 질문했는데 가독성이 좋은 폰트를 본 사람은 평균 4.5점, 가독성이 나쁜 폰트를 본 사람은 평균 2.9점의 점수를 주었다.

지저분한 글씨로 쓰여 있는 스케줄을 보면 절로 '일하기 싫다'는 생각이 든다. 그러므로 수첩이나 노트에 스케줄을 메모할 때는 가능한 한 알아보기 쉽도록 깔끔하게 글씨를 쓰는 습관을 들이자. 그래야 나중에 다시 수첩을 살펴볼 때 '좋아, 이제 본격적으로 해봐야지!' 하고 쉽게 의욕을 느끼게 된다.

가끔은 나를 위한
보상이 필요하다

흔히 우리는 '행복은 돈으로 살 수 없다'고 말하지만 돈으로 살 수 있는 행복도 엄연히 존재한다. 이 말이 자칫 물질만능주의처럼 느껴질 수도 있겠다. 하지만 가끔은 나 자신을 위해서 호기롭게 돈을 지출하는 습관도 필요하다. 보상이 있을 때 사람은 행복을 느끼기 때문이다.

요즘에는 특별한 날을 맞아 자기 자신을 위해 평소에 사고 싶었던 비싼 물건들을 구매하는 사람도 많다. 흔히 말하는 '셀프 선물'인 셈이다. 늘 열심히 사는 자신을 위해 가끔은 이런 셀프 선물을 주는 것도 나쁘지 않다.

미국 콜롬비아 경영대학원의 경영학 조교수인 산드라 매츠

Sandra Matz 박사는 2016년 〈행복은 돈으로 살 수 있다〉라는 제목의 논문을 발표해 화제를 모은 바 있다. 매츠 박사의 연구에 따르면 자신을 위해 돈을 지출하는 일은 행복감을 높여주지만 무턱대고 아무렇게나 써도 되는 것은 아니다. 돈도 자신의 성격에 맞게 지출할 때 행복도가 가장 높아진다고 한다.

이를테면 개방적인 성격이고 새로운 것에 관심이 많은 사람은 여행이나 오락에 돈을 쓸 때 행복도가 높아진다. 성실하면서 계획성 있는 성격의 사람은 책이나 미용, 건강, 보험 등에 돈을 사용하면 행복에 도움이 된다. 사교적이며 사람들과 대화 나누기를 좋아하는 사람은 친구와 외식을 하거나 스포츠 이벤트 등에 참여하고 반려동물을 기르는 일에 돈을 지출하기를 추천한다.

또한 매츠 박사는 논문에서 아무리 돈을 써도 행복감을 얻지 못하는 유형에 대해서도 언급했는데 신경질적인 사람이 여기에 해당한다. 신경질적인 사람은 이곳저곳에 돈을 써도 쉽게 행복감을 느끼지 못한다고 한다. 이런 타입은 되도록이면 돈을 쓰지 않고 은행에 저금하는 편이 현명하다.

자신의 성격과 딱 들어맞는 곳에 소비를 하면 행복을 느낄 수 있지만 그렇지 않은 곳에 돈을 쓰면 그다지 행복에 도움이 되지 않는다. 사교적인 사람에게는 비싼 자동차를 구입하는 일보다 사람들과 만나 술을 마시며 이야기하는 게 더 행복한 일일지 모른다. 결국 자신의 성향에 맞게 돈을 유용하게 쓸 만한 분야를 찾아 그곳에 집중적으로 돈을 소비하는 습관이 매우 중요하다.

대개 자신이 어떤 일을 할 때 즐거움을 느끼는지는 자신이 가장 잘 파악하고 있을 테니 일에 열중해야 할 때는 즐거움을 주는 요소를 보상으로 내걸어보자. '이만큼 일하면 나에게 이만큼 보상을 줘야지!' 하는 식으로 보상을 정해두면 매일같이 업무를 대할 때도 의욕이 샘솟게 된다.

"한 주 동안 열심히 했으니 요즘 핫한 디저트 카페에 가서 팬케이크를 먹어야지."

"1년 동안 프로젝트 완수하느라 수고했으니까 가고 싶던 곳으로 여행 가는 거야!"

이처럼 자신을 달래고 움직이는 수단으로 나에게 주는 보상을 현명하게 활용해보자.

긍정적인 기분을 만드는
맨발 걷기

우리는 하루에 얼마 동안 '맨발'로 있을까? 곰곰이 생각해보면 아주 어릴 때를 제외하면 하루 대부분의 시간을 양말이나 신발을 신고 생활한다. 회사에서 많은 시간을 보내는 직장인이라면 그 시간은 더 늘어난다.

평소 갑갑한 신발을 신고 생활하는 만큼 집에서는 되도록 맨발로 생활하는 습관을 들이기를 추천한다. 집에 돌아오면 양말부터 벗어 던지고 가볍게 맨발로 돌아다니는 사람들도 있는데 이는 행복의 측면에서 매우 바람직한 습관이다. 바닷가 또는 잔디에서 맨발로 걸어본 경험이 있다면 이것이 무슨 의미인지 잘 알 것이다. 맨발에 닿는 흙이나 모래의 촉감을 느끼다 보면 에너지가 충전되면서 마음이 가벼워지고 기분이 좋아지는 것을 느낄 수 있다.

카운슬링의 한 방식 중에는 맨발로 땅 위를 걷게 하는 '그라운딩'Grounding이라는 기법도 있다. 땅을 뜻하는 영단어 'ground'에서 유래된 용어인데, 이처럼 맨발로 걷는 행위에는 상당히 뛰어난 심리적 효과가 내재되어 있다.

맨발로 걷기가 주는 긍정적인 효과는 실험으로도 증명된 바 있다. 미국 캘리포니아 대학교의 가에탕 슈발리에Gaëtan Chevalier 교수는 실험 참가자들을 대상으로 신발을 벗은 채 맨발로 땅 위를 걷게 하는 연구를 진행했다. 맨발로 걷고 나서 한 시간 후에 참가자들의 기분이 어떻게 변화했는지 살펴보니 대부분 긍정적인 감정이 증가했다는 사실이 드러났다.

맨발로 뛰어노는 일은 왠지 어린아이들의 전유물 같아 성인이 되면 맨발로 걷기에 주저함이 생기는 것도 사실이다. 하지만 용기를 내어 인적이 드문 곳에서라도 맨발로 한번 돌아다녀보자. 발바닥을 자극하는 느낌이 얼마나 사람을 기분 좋게 만드는지 경험하는 계기가 될 것이다. 유리 조각이나 뾰족한 무언가를 밟아서 발에 상처를 입을까 봐 걱정이 된다면 공원의 잔디밭 위를 걸어보자.

여름에는 수영장이나 바다에 가서 당당하게 맨발로 걸어 다니자. 수영복을 입고서 신발을 신으면 오히려 이상해 보이니 그라운딩을 시도해볼 아주 좋은 기회다. 맨발로 수영장 주변이나 해변을 이리저리 거니는 것만으로도 그라운딩이라는 카운슬링을 받는 셈이 된다. 자연 속에서 놀다 보면 긴장이 풀리고 행복해지는 이유가 바로 그라운딩 덕분이라는 생각도 든다.

다가오는 주말, 자연과 가까운 곳으로 나들이를 가 맨발로 강가를 산책하거나 파도가 밀려오는 해변을 거닐어보면 어떨까? 발바닥이 자극되어 조금 아플지도 모르지만 잠깐만 참으면 마치 발 마사지를 받는 듯한 느낌이 들면서 기분도 좋아지고 행복하다는 생각이 저절로 들게 될 것이다.

제4장

좋은 사람이 저절로 모이는 '친절'의 말버릇

긍정의 에너지는
사람을 모은다

사람은 행복할 때 다른 사람에게도 친절해지는 법이다. 그래서 매일 행복하게 생활하는 사람 곁에는 점점 좋은 사람들이 모여든다. 주위에 '이 사람이랑 있으면 나까지 좋은 에너지를 받는 것 같아.'라는 생각이 들게 하는 사람이 있지 않은가? 앞서 설명했듯이 감정에는 전염성이 있기 때문에 행복한 사람 곁으로는 자연스럽게 많은 이들이 모여들게 된다. 한마디로 얼마나 많은 사람들한테 사랑을 받는가가 자신의 행복도를 나타내는 척도라 할 수 있다.

지금 나에게 닥친 일을 해내기에도 벅차 다른 이에게 배려심을 발휘할 여력이 없다고 말할 수도 있다. 하지만 생각을 조금 바꿔보자. 누군가에게 친절을 베풀어야 한다는 강박을 갖기보다 내가 먼저 행복해지는 방법을 생각하는 것이다. 내가 행복을 느낄 때 사람은 친절해지는 법이다.

행복한 사람은 자신이 행복한 만큼 주변 사람에게도 본인이 느끼는 행복을 나눠주고자 한다. 그렇기 때문에 굉장히 친절하게 남을 대할 수 있다. 이런 부분도 행복한 사람이 사랑받는 이유일 것이다.

미국 컬럼비아 경영대학원의 겸임 교수였던 마이클 오말리Michael O'Malley는 90명의 남녀 대학생을 모집하여 행복과 친절의 관계를 알아보는 실험을 진행했다. 그는 학생들을 두 그룹으로 나눈 뒤 첫 번째 그룹에게는 행복했던 경험들을 떠올려서 행복한 분위기를 만들도록 지시했다. 반면 나머지 그룹에게는 분위기를 바꿔주는 어떠한 행동도 따로 요구하지 않았다. 그렇게 얼마간의 시간이 지난 후 갑자기 "헌혈에 참여해주시겠습니까?"라고 물어보았다.

그러자 행복한 분위기가 조성된 그룹에서는 실험 대상자의 50퍼센트가 '좋다'고 답하며 흔쾌히 헌혈을 수락했다. 반면 아무런 분위기를 조성하지 않은 채 갑자기 헌혈 부탁을 받은 그룹에서는 '좋다'고 대답한 사람이 한 명도 나오지 않았다. 이 실험이 잘 나타내주듯 항상 행복한 기분을 유지하는 것이 매우 중요하다. 그래야 누구에게든 친절한 태도를 보일 수 있다.

'누구한테나 친절하게 대할 거야!' 하고 어깨에 힘을 잔뜩 준 채 노력하지 않아도 기분이 행복하면 저절로 친절해지기 마련이다. 그러니 누구에게나 좋은 평가를 받는 사람이 되고 싶거든 항상 행복한 일만 생각하는 습관을 들이자. 기분 좋은 상태에서는 자연스럽게 부드러운 태도로 사람을 대하게 되니 굳이 노력하지 않아도 누구에게나 사랑받는 존재가 될 것이다.

험담은 결국
나에게 되돌아온다

행복한 사람은 자신의 행복한 기분을 유지하기 위해서라도 남을 나쁘게 평가하는 말을 결코 입에 담지 않는다. 누군가에 대한 험담을 하다 보면 제 감정에 휩쓸려 불쑥불쑥 화가 치밀어 오르기 때문이다. 행복한 사람은 이런 기분을 느끼고 싶지 않기에 험담도 하지 않는다. 오히려 다른 사람에 대해서 좋은 방향으로 해석하고 장점만을 언급하려 한다. "○○씨는 정말 친절하고 존경할 만한 사람이라고 생각해."라는 식으로 나튼 사람에게도 상대방의 좋은 점만을 말한다.

'낮말은 새가 듣고 밤말은 쥐가 듣는다'는 속담처럼 그렇게 나눈 이야기는 결국 돌고 돌아 평가의 대상이 된 사람의 귀에 들어가곤 한다. 그랬을 때 자신이 없는 자리에서도 자기를 긍정적으로 말해준 사람에게 상대방은 굉장한 호감을 느낄 수밖에 없다. 행복한 사람일수록 주변 사람들에게 좋은 평가를 받는 까닭은 바로 이런 행동 덕분이다. 그러니 사랑받는 사람이 되고 싶거든 남을 험담하는 습관은 반드시 버려야 한다. 뒤에서 안 좋은 말을 하면 결국에는 험담을 한 자신이 미움을 사게 되기 때문이다.

심리학자인 미국 볼티모어 대학교의 샐리 팔리Sally Farley 교수는 128명의 대학생에게 다음과 같은 네 가지 유형의 인물을 상상하게 한 후 각각의 인물에 대한 호감도를 물어보는 실험을 진행했다.

- 타인에 대한 험담을 자주 한다.
- 타인에 대한 험담을 별로 하지 않는다.
- 타인의 장점을 자주 말한다.
- 타인의 장점을 별로 말하지 않는다.

각 인물에 대한 호감도를 점수로 매겼을 때 그 결과는 어떻게 나타났을까? 각각의 수치는 다음의 표와 같았다.

어떤 유형의 사람에게 호감을 느끼는가?

	자주 말한다	별로 말하지 않는다
장점	48.44	48.63
험담	37.09	46.03

* 수치가 높을수록 좋은 인상을 받았다는 의미.
(출처: Farley, S., Is Gossip Power? The Inverse Relationships Between Gossip, Power, and Likability, 2011.)

장점을 언급하는 부분에서 빈도는 호감도와 별다른 관련이 없었다. 타인의 장점을 가끔씩만 이야기한다 해도 비호감으로 보일 가능성은 적다는 뜻이다. 주의해야 하는 유형은 타인에 대한 험담을 자주 입에 올리는 사람이다. 이 유형에 대한 호감도가 가장 낮다는 사실을 실험 결과를 통해 알 수 있다.

'남 잡이가 제 잡이'라는 속담이 있다. 남을 해하려다가 오히려 자신이 당하게 된다는 의미다. 그러니 타인뿐만 아니라 자신에게까지 해를 끼칠 수 있는 험담은 애초에 입에 올리지 않도록 항상 조심하도록 하자.

옷차림을 바꾸면
태도도 바뀐다

독일 베를린자유 대학교의 심리학 교수인 베티나 하노버Bettina Hannover는 《응용심리학 저널》에 〈옷이 사람을 만든다〉는 제목의 논문을 발표해 많은 이들의 이목을 끈 적이 있다. 논문이 이야기하듯이 우리는 어떤 옷을 입었느냐에 따라 전혀 다른 사람으로 바뀌곤 한다. 정장같이 소위 '갖춰진' 옷을 입었을 때는 좀 더 점잖게 행동하게 되지만 되는대로 아무렇게나 옷을 입었을 때는 행동도 마구 풀어지는 것처럼 말이다.

우리의 행동이 옷차림에 따라 변하는 만큼 주변 사람들의 평가도 옷차림에 따라 달라지는 건 어찌 보면 당연하다. 제대로 옷을 갖춰 입으면 주변 사람들로부터 호감과 신뢰, 나아가 존경까지 얻게 된다. 그리고 또 그런 평가를 받으면 자신을 존중해 주는 사람들의 태도에 부응하기 위해 스스로 행동을 더 조심하고 더욱 번듯한 사람이 되려고 노력한다.

반대로 TPO에 맞지 않게 아무렇게나 되는대로 옷을 입으면 어떨까? 당신이 정말 어떤 사람인가에 상관없이 상대방은 당신을 그저 '예의 없는 사람', '겉모습만큼이나 별 볼 일 없는 사람'으로 생각하기 쉽다. 그러다 보면 상대방에게 별 볼 일 없는 대우를 받고, 그런 취급이 계속 이어지다 보면 무의식중에 피해의식이 심한 성격으로 변하기도 한다. 이것이 '옷이 사람을 만든다'는 말에 숨겨진 의미다.

옷을 갖춰 입어야 한다고 해서 무조건 명품 브랜드로 온몸을 휘감으라는 말은 결코 아니다. 특별하게 값비싼 옷이 아니어도 깔끔하면서 세련된 인상을 주는 옷차림이면 충분하다(이는 남녀 모두에게 해당되는 이야기다).

또한 겉모습을 치장하는 데 과도하게 시간을 들이라는 말도 아니니 오해하지 않기를 바란다. 다만 제대로 된 옷차림이 마음가짐에 영향을 준다는 사실을 깨닫고 겉모습만 그럴싸한 사람이 되지 않겠다는 건설적인 의식을 갖는 것이 중요하다.

옷차림을 제대로 갖추면 가장 먼저 나의 행동이 변하고, 주변 사람들도 그에 걸맞은 태도로 나를 대우해준다. 그런 기분 좋은 경험을 위해서라면 옷차림에 신경 쓰는 약간의 번거로움 정도는 감수해도 좋지 않을까?

"고맙습니다."의
마법 같은 효과

책을 통해 행복을 불러오는 다양한 말하기 습관을 소개하고 있는데 사실 이것 하나만 기억해두면 된다 싶을 정도로 그 위력이 대단한 말이 하나 있다(물론 다른 말하기 습관이 의미가 없다는 뜻은 결코 아니니 오해하지는 말기를!).

과연 마법과도 같은 이 말은 무엇일까? 답은 바로 '고맙다'는 인사말이다. 단 세 글자로 이루어진 '고마워'라는 말 한 마디면 충분하다. 이 말을 입에 올리면 올릴수록 사람은 누구나 행복해질 수 있다. 언제 어디서 무엇을 하든 이 말을 소리 내어 말하면 된다.

'어떻게 말 한 마디로 행복해질 수 있겠어? 말도 안 돼.'라는 생각이 드는가? 하지만 이는 미국 마이애미 대학교의 심리학 교수인 마이클 매컬러프Michael Mccullough의 연구로 이미 증명된 사실이다. 매컬러프 교수는 어떤 사소한 일에든 어떤 상대에게든 '고맙다'는 감사의 말을 잊지 않는 사람일수록 정신적인 면과 육체적인 면에서 모두 건강하다는 사실을 밝혀냈다. 또한 이런 사람들은 항상 유쾌한 기분을 유지하기 때문에 질투나 불안과 같은 부정적인 감정을 적게 느낀다고 말했다.

행복한 사람이 되고 싶다면 사람들이 보통 감사를 표하지 않는 상황에서도 항상 '고맙다'는 말을 잊지 않는 습관을 가져야 한다. 예를 들어 점심 식사를 마치고 가게를 나설 때 서빙해준 직원에게 "맛있게 잘 먹었어요. 감사합니다."라고 인사를 건네 보자.

편의점에서 점원이 도시락을 데워주거나 엘리베이터에서 내리는데 모르는 누군가가 열림 버튼을 눌러줬을 때, 사무실 복도에서 누군가와 부딪힐 뻔했는데 상대방이 먼저 길을 양보해줬을 때도 "고맙습니다." 하고 마음을 전해야 한다. 이와 같이 언제 어디서건 고맙다는 말을 잊지 않는 것이 포인트다.

누군가에게 부탁을 했는데 거절당한 상황에서도 역시 '고맙다'는 말이 자연스럽게 나와야 한다.

"무리한 부탁을 해서 미안해. 아무튼 신경 써줘서 고마워!"

"어쨌든 얘기를 들어준 것만으로도 도움이 됐어. 정말 고맙다."

이렇게 언제든 마음을 담아서 고맙다고 말하는 습관을 들이도록 하자. 이때 상대방이 나한테 무언가 도움을 주었을 때 감사의 말을 전하는 방식이 아님을 기억하자. 행복을 위해서는 도움을 받았을 때만 감사를 표하기보다 '아무것도 해주지 않아도' 감사의 말을 전할 수 있어야 한다. 이 부분이 핵심이다. 누군가 무엇을 해주길 기다리기만 하다가는 고맙다고 말할 기회가 현저히 줄어든다.

평소에 신세를 진 사람에게는 때때로 감사 인사를 담은 문자나 편지를 보내는 방법도 좋다. 받는 사람도 기쁘고 마음을 전한 사람도 행복해지는 마법을 경험하게 될 것이다.

마음의 빗장을
풀어주는 말

'고맙다'는 말이 주는 장점은 또 있다. 고맙다는 말을 자주 할수록 나의 든든한 아군이 조금씩 늘어난다는 점이다. 항상 '고맙다'고 말하고 다니면 나에 대한 주변 사람들의 평판도 상당히 좋아진다. 말하자면 적이 없어지는 셈이다. 적을 만들지 않게 되니 사회생활도 수월해지고 인간관계에서도 마음이 정말 편안해진다.

사람은 누구나 감사의 말을 제대로 전하는 사람을 좋아하기 마련이다. 누군가에게 고맙다는 말을 들으면 그 사람이 곤경에 처했을 때 다시 도와주고 싶다는 마음이 드는 게 인지상정이다.

미국 펜실베이니아 대학교 와튼스쿨의 조직심리학 교수 애덤

그랜트Adam Grant의 연구를 한번 살펴보자. 그랜트는 온라인으로 문장력을 연구한다는 가짜 명목을 내세워 실험 참가자를 모집했다. 이후 실험에 참여한 사람 중 절반에게는 '연구에 도움을 주어 정말 고맙다'는 내용을 담아 답 메일을 보냈고 나머지 절반한테는 이와 같은 감사 메일을 보내지 않았다.

그러고 나서 얼마간의 시간이 흐른 뒤에 그랜트는 문장력 연구에 참여했던 모든 참가자에게 '이번에 다른 실험을 계획하고 있는데 다시 한번 도와줄 수 있겠느냐'는 취지의 의뢰 메일을 보냈다. 그러자 전에 '고맙다'는 감사 메일을 받았던 사람의 66퍼센트는 흔쾌히 도와주겠다고 답했지만 감사 메일을 받지 못했던 그룹에서는 32퍼센트만이 두 번째 실험에 참여하겠다는 의사를 보였다.

감사의 말을 듣게 되면 다음에도 도움을 주고 싶은 마음이 들지만 감사의 마음을 전하지 않는 사람에겐 더 이상 도와주고픈 마음이 들지 않는다는 사실이 실험을 통해 증명된 것이다.

이렇게 평소 언제나 "고맙습니다.", "정말 감사해요!"라고 말하는 습관을 들이면 미래에 뭔가 곤란한 일이 발생했을 때 누군가에게 도움을 받게 될 가능성이 높아진다. '고맙다'는 말에는 이처럼 모두를 내 편으로 만들어주는 힘이 깃들어 있다.

혹시 '고맙다'는 말을 아끼고 있지는 않은지 스스로를 한번 돌아보자. '감사 인사를 할 정도까지는 아니지', '이 정도는 누구나 당연히 해줄 수 있으니까' 같은 생각을 하면서 감사의 표현 없이 넘어가버리고 있진 않은지 반성해보자.

아무리 사소한 일이어도 고맙다고 예를 표하는 태도는 사회인의 매너이자 자신의 아군을 늘려주는 아주 중요한 마음가짐이다. 그러니 아끼지 말고 누구에게든 '고맙다'는 말을 건네보자. 감사의 말은 돈과 달라서 소리 내어 말한다고 그 양이 줄어들거나 사라지지 않는다. 그러니 주저 말고 마구마구 사용하도록 하자.

'이미 하루에 수십 번도 넘게 말하는데 누군가 이상하게 생각하지 않을까?'

이런 걱정이 들 만큼 고맙다는 말을 자주 해도 상관없다. 고맙다는 표현은 아무리 들어도 질리지 않고 누구나 기뻐할 만한 말이기 때문이다. '고맙다'고 말하는 습관을 들이면 정말 깜짝 놀랄 정도로 주변 사람들의 태도가 달라진다. 말 한마디가 일으키는 놀라운 변화를 꼭 한번 실감해보기 바란다.

칭찬의 말이
사람을 성장시킨다

사회생활을 하다 보면 유독 후배나 부하 직원에게 "넌 진짜 도움이 안 되는구나?"처럼 험한 말을 내뱉는 사람들이 종종 있다. 하지만 이런 식으로 말을 건네면 그 말을 들은 직원이나 후배는 점점 쓸모없는 인간이 될 수밖에 없다. 사람은 타인이 던지는 말 그대로 규정되는 경향이 있기 때문이다.

이러한 '자기충족적 예언'은 부정적이거나 긍정적인 방향 모두로 작용할 수 있다. 교사가 학생에게 긍상한 기내감을 보이면서 좋은 말을 해주었을 때 학생의 학업 성취도가 정말로 향상된다는 사실은 심리학에서 널리 알려진 이론이다.

"걱정하지 마. 분명 수학 점수도 좋아질 거야."

새로운 학기가 시작됐을 때 담임교사가 학생에게 이런 말을 해주면 학기말에는 신기할 정도로 수학 성적이 올라가곤 한다. 이것을 '갈라테이아 효과'Galateia effect 또는 '피그말리온 효과'Pygmalion effect라고 부른다.

갈라테이아 효과는 그리스 신화에 나오는 피그말리온 왕의 이야기에서 유래한 말이다. 키프로스의 왕이자 조각에 재능이 있던 피그말리온은 자신이 바라는 완벽한 여인의 모습을 담아 조각상을 하나 만들었다. 그는 자신이 만든 조각상과 사랑에 빠졌고 '갈라테이아'라는 이름을 지어주며 더욱 사랑을 키워갔다. 그런데 갈라테이아에 대한 사랑이 깊어질수록 피그말리온이 점점 쇠약해져갔고, 이를 가엾게 여긴 여신 아프로디테가 조각상에 생명을 불어넣어주었다. 그리하여 피그말리온은 그토록 갈망하던 갈라테이아와 결혼하게 됐다는 이야기다.

인간의 의지가 돌로 된 조각상조차 사람으로 만들었으니 어설픈 부하 직원의 업무 능력을 끌어올리는 일쯤은 하나도 어렵지 않을 것이다. 계속해서 기대감을 담아 긍정적인 말을 해주기만 하면 된다. 설령 빈말이라도 "자네는 앞으로 분명 성장할 거야!"라는 말을 건네자. 칭찬은 고래도 춤추게 하듯이 그 부하 직원의 실력은 정말 일취월장할 것이다. "자네는 ○○에 잠재력이 있는 것 같아."라고 말해주면 정말 그런 능력이 꽃피는 법이다.

반대로 부하 직원에게 부정적인 말을 던질수록 상황은 점점 안 좋은 방향으로 나아가고 만다. "왜 이렇게 일이 느려?"라고 일일이 지적하면 부하 직원은 자신에 대해 '나는 일이 느린 사람'이라는 인식을 갖게 되면서 정말로 업무 처리 속도가 떨어진다.

실제로 어느 회사에서 같은 팀 상사와 선배로부터 '업무 능력이 빵점'이라는 말을 지속적으로 듣던 부하 직원이 자기 자신을 무능하다고 믿기 시작하면서 우울증에 걸리고 만 사례를 본 적이 있다. 하지만 해당 직원은 우울증이 회복된 후 다른 부서에 배치되어 훌륭한 업무 능력을 보여주었다. 어떻게 이렇게 달라지게 됐는지 이유를 묻자 그는 "새로운 상사는 노력한 만큼 나를 인정해준다."라는 대답을 들려주었다. 이렇게 직장 상사 혹은 선배가 어떤 말을 건네느냐에 따라서 부하 직원은 얼마든지 바뀔 수 있는 법이다.

이스라엘 히브리 대학교의 엘리샤 바바드Elisha Babad 사회심리학 교수는 담임교사가 부정석인 기내를 하면 학생의 행동이 그 기대에 맞춰 따라간다는 사실을 연구를 통해 밝혀냈다. '이 녀석은 불량한 학생이 될 거야'라고 생각하면 해당 학생은 불량한 행동을 하게 되고 '담배를 피울 것'이라 예상하면 정말로 담배를 피우게 된다는 것이다.

　나만 행복해지고 말 것이 아니라 주변 사람도 행복하게 만들 줄 알아야 진정으로 가치 있는 삶을 살 수 있는 법이다. 꼭 진심을 담아 이야기하지 않아도 좋으니 상대가 용기를 얻고 몸도 마음도 건강해질 수 있는 긍정적인 말을 건네도록 하자.

친절은 베풀수록
되돌려받는 것

곤경에 처한 사람을 봤을 때 당신은 곧바로 도움을 주는 쪽인가? 무시하거나 머뭇거리는 쪽인가? 만약 후자라면 당신은 행복해질 수 있는 기회를 눈앞에서 놓쳐버리는 셈이다.

'나 말고 다른 사람이 도와주겠지'라거나 '나랑은 상관없는 사람이니까' 같은 생각은 결코 바람직하지 않다. 설령 모르는 사람이라도 곤란해하는 모습을 발견하면 즉시 도움의 손길을 내밀어야 한다. 어딘가 머뭇거려져 실천이 어렵다면 "그래, 당연히 도우러 가야지!" 하고 말하면서 반사적으로 몸을 먼저 움직이는 습관을 들이자.

내가 이런 이야기를 하면 많은 사람들이 "내가 굳이 왜 그래야 하죠?"라고 반문하곤 한다. 그에 대해 간단히 답을 하자면, 남을 돕는 일이 오히려 내가 행복해지는 길이기 때문이다.

'남에게 인정을 베풀면 언젠가 자신에게 돌아온다'는 옛말이 있다. 그 말 그대로 어려움에 처한 사람에게 친절을 베푸는 일은 결국엔 나 자신을 위한 일이 된다. 도움을 준 쪽이 훨씬 기분이 좋아지기 때문이다.

미국 일리노이 주립대학교의 사회학 교수인 수전 스프레처Susan Sprecher의 실험이 이 같은 사실을 잘 나타내준다. 스프레처 교수는 곤경에 처한 사람을 도와줬던 경험을 떠올리게 한 후 당시 어떤 기분을 느꼈는지 알아보는 실험을 진행했다. 그 결과 곤경에 처한 사람을 도와준 후에는 일종의 만족감을 느끼면서 기분이 좋아진다는 사실을 밝힐 수 있었다.

어려움에 처한 사람을 도와주고 '고맙다'는 인사를 듣는 일은 매우 기분 좋은 일이다. 나와 전혀 상관없는 사람을 도와준 만큼 인간으로서 한층 성장했다는 실감도 나고 자부심도 느끼게 된다.

이렇듯 어려움을 겪는 사람을 도우면 실은 도움을 주는 쪽이 훨씬 더 큰 행복을 느낀다. 도움을 받는 쪽이 아니라 도움을 주는 입장일 때 우리는 더 많은 행복을 느끼게 되어 있다. 언뜻 그

반대가 아닐까 생각되지만 남에게 친절을 베풀면 원래 베푼 사람이 더욱 큰 행복을 느끼는 법이다. 그러므로 돌아오는 보답이 없더라도 행복해질 수 있는 일에는 무조건 적극적으로 나서는 것이 이득이다.

예기치 않은 상황에서 곤란을 겪는 사람을 발견하면 '어떡하지? 도와줘야 할까?'라고 우물쭈물 망설이다가 대부분 그냥 지나치는 경우가 많다. 그렇게 되지 않도록 "고민할 때가 아니야!"라는 말로 자신을 재촉하면서 재빨리 행동에 옮기도록 하자. 도움이 필요한 사람을 보는 즉시 움직이겠다는 마음가짐이 당신을 좀 더 행복한 사람으로 만든다.

"제가 좀 도와드릴까요?"가
필요한 이유

남을 돕는 일은 정말 기분 좋은 행위임에 틀림없다. 하지만 누
군가를 도울 때는 '자발성'이 핵심임을 기억해야 한다. 스스로
해야겠다는 생각이 들어서 공부를 할 때와 누가 시켜서 공부를
할 때 학업 성취도에 큰 차이가 있듯이 남을 돕는 일도 마찬가
지다. "저기, 좀 도와주실래요?"라고 누군가 먼저 요청을 해서
도움을 주면 행복을 느끼는 정도가 그렇게 크지 않다. 상대방이
도움을 청하기 전에 내가 먼저 나서서 도와주는 '타이밍'이 중요
하다. 자발적인 도움이 행복에 중요한 포인트인 셈이다.

영국 카디프 대학교의 심리학부 교수인 네타 웨인스타인Netta
Weinstein은 학생들에게 2주 동안 잠자리에 들기 전 다음의 두 가

지 항목에 답을 해보고 이를 기록해줄 것을 부탁했다.

'오늘 누군가를 도운 적이 있는가?'

'도움을 준 일이 있다면 어째서 도움을 주었는가?'

학생들이 기록한 내용을 분석한 결과, 자발적으로 남을 도우면 행복감이 높아지고 활력이나 생기가 돌며 심지어 자부심까지 고양된다는 사실이 드러났다. 자발적으로 남을 돕는 행위가 긍정적인 심리 효과를 일으킨다는 말이다.

남을 돕는 일에 있어서 또 한 가지 중요한 포인트는 보답이나 금전적인 보상을 기대하지 않는 태도다. 미국 캘리포니아 대학교의 심리학 교수인 소냐 류보머스키Sonja Lyubomirsky는 실험 참가자들에게 1주일에 5~6회 정도 금전적인 보상이 얽히지 않은 친절한 행동을 하도록 노력해달라고 요구했다. 실험 결과는 과연 어땠을까? 성실히 대가 없는 친절을 베푼 사람들의 행복감이 무려 40퍼센트나 증가했다는 결과를 얻을 수 있었다. 남에게 친절을 베푸는 행위가 곧 자신이 행복해지는 지름길이란 사실이 여러 연구를 통해서 여실히 증명된 셈이다.

진심 어린 마음으로 남을 먼저 도우면 물질적인 대가가 주어지진 않지만 그보다 더 크고 확실한 심리적인 보상이 기다리고 있다. 친절의 대가가 행복이라니 이보다 더 훌륭한 보상은 없지 않을까? 자발성과 보상을 바라지 않는 태도, 두 가지 모두 행복과 직결되는 요소이니 반드시 기억해두도록 하자.

오늘부터 당장 길을 헤매는 듯한 사람이 눈에 띄면 **"제가 좀 도와드릴까요?"** 하고 상냥하게 말을 걸어보자. 남의 어려움을 지나치지 않는 따뜻한 마음을 간직하는 한 누구나 틀림없이 행복해질 수 있다.

싫다는 감정도
내가 만든 착각일 수 있다

마음에 들지 않는 사람을 만났을 때는 어떻게 대처하면 좋을까? 마음속에 스멀스멀 피어오르는 불쾌감은 어떻게 해야 사라질까?

불쾌함은 내가 느끼는, 즉 내가 만들어낸 감정이기 때문에 어떻게 사고하느냐에 따라서 얼마든지 떨쳐낼 수 있다. 만약 당신이 싫어하는 어떤 사람이 있다고 치자. 그런데 그를 볼 때마다 '저 녀석만 보면 열받아!' 하고 생각한다면 불쾌한 감정은 절대 사라지지 않는다.

불쾌한 감정을 없애는 가장 손쉬운 방법은 상대방을 좋아해버리는 것이다. 그 사람이 좋아지면 '싫다'는 감정은 금세 사라진다. "적을 해치우려면 친구가 되어라. 친구가 되면 그는 더 이상 나의 적이 아니다."라는 에이브러햄 링컨의 유명한 말도 있지 않은가?

링컨은 자신을 까닭 없이 싫어하는 인물들을 임기 동안 내각의 요직에 임명하여 많은 이들을 놀라게 한 장본인이다. 예를 들어 링컨을 '어릿광대'라거나 '고릴라'라고 부르며 비방했던 에드윈 스탠턴Edwin Stanton은 국방장관에 임명됐으며 주위 사람들에게 "링컨 같은 사람보다 내가 훨씬 유능하다."라고 공언하고 다닌 윌리엄 수어드William Seward는 국무장관에 임명됐다. 스탠턴과 수어드를 비롯한 몇몇 내각 요인들은 정적政敵으로 불릴 만큼 링컨을 아주 싫어하는 부류였지만 링컨 쪽에서 자신에게 먼저 호의를 보이는 모습에 머지않아 호감을 느끼게 됐다고 한다. 그렇게 그들은 남북전쟁을 승리로 이끌고 링컨이 가장 신임하는 조언자들로 역사에 이름을 남기게 됐다.

어떤 사람이 싫다는 감정도 내가 멋대로 만들어낸 오해일 뿐인지도 모른다. 그러니 한번 이렇게 말해보자.

"사실 그는 좋은 사람이지 않을까?"

"내가 너무 나쁘게만 받아들이는 게 아닐까?"

이와 관련해서 주목해야 할 연구가 하나 있다. 미국 저지 베이커 가이던스 센터Judge Baker Guidance Center의 윌리엄 내스비William Nas-by 박사는 성격 장애 진단을 받은 10~16세 사이의 소년들을 대상으로 사진을 보여주면서 사진 속 인물이 어떤 감정을 느끼고 있는지 맞혀보게 하는 실험을 진행했다. 사진 속 인물들은 딱히 어떤 표정이라고 생각되지 않는 무표정한 얼굴이었지만 성격 장애가 있는 소년들은 그들에게 '적의'를 느꼈다. 사실과 다르게 '이 사람은 화가 났다'고 판단하는 아이들이 많았던 것이다.

이 아이들처럼 우리도 스스로 적을 만들어내고 있지는 않은지 돌아볼 필요가 있다. 내가 싫어하는 사람이 처음부터 나의 적이 되어야겠다고 작정할 가능성은 매우 희박하다. 그저 적을 대하는 듯한 나의 태도에 상대도 맞춰서 대응하다 보니 어느새 서로 적이 됐을 뿐인지도 모른다.

행복해지기 위해서는 누군가를 싫어하는 마음이 나의 태도에서 비롯된 결과물은 아닌지 의심해보고 내 쪽에서 먼저 손을 내미는 자세가 필요하다. 싫어하는 사람을 그렇게 친구로 삼으면 적은 더 이상 적이 아니게 된다.

'부럽다'를 버릴 때
내가 가진 것이 보인다

인간은 누구나 자기에게는 없고 타인에게는 있는 무언가를 무의식중에 부러워하는 경향이 있다. 자신이 가지지 못한 것 중에서 좋은 무언가를 가진 사람을 보면 질투를 느끼거나 선망의 눈으로 바라보게 된다. 이는 매우 자연스러운 현상이지만 이러한 비교를 너무 자주, 습관적으로 하게 되면 불쾌한 기분에 휩싸이고 만다.

'나는 날 때부터 곱슬머리인데 저 사람은 찰랑찰랑한 생머리라 너무 부러워.'

'우리 애는 공부를 못하는데 옆집 애는 우등생이라니 부러워.'

하지만 당신이 부러워하는 대상 역시 어쩌면 내가 가진 무언가를 부러워하고 있을지도 모를 일이다.

'난 머리가 쭉쭉 뻗는데 저 사람은 자연스럽게 파마한 듯 보여서 예쁘고 부러워.'

'우리 애는 공부만 하느라 친구도 하나 없어. 매일 밖에서 신나게 뛰어노는 저 집 아이가 부럽다.'

이런 식으로 자신이 가지지 못한 면만 바라보면서 서로를 부러워하고 있을지도 모른다.

미국 캘리포니아 대학교 경영대학원 교수인 데이비드 시카디 David Schkade는 미국 중서부 지역에 사는 사람을 대상으로 "캘리포니아에 사는 사람은 얼마나 행복하리라 예상하는가?"라는 설문조사를 실시했다. 그러자 '캘리포니아 사람들은 분명 굉장히 행복할 것'이란 대답이 주를 이뤘다. 캘리포니아는 기후가 온화하기로 유명하니 당연히 살기 편하리라는 게 그 이유였다. 게다가 '중서부 지역 사람들은 캘리포니아에 사는 사람들에 비해서 행복하지 않다'고 말하는 비율도 높았다. 이에 시카디 교수는 캘리포니아 주민을 대상으로도 "당신은 얼마나 행복합니까?"라고 질문해보았다. 그 결과 행복의 정도는 캘리포니아 사람들이나 중서부 사람들이나 거의 비슷했다.

이러한 결과가 나온 이유는 무엇일까? 캘리포니아에 실제로 거주하는 사람들은 캘리포니아가 일반적인 시각과 달리 마냥 살기 좋지만은 않다는 사실을 충분히 알고 있기 때문이다. 만성적인 교통체증은 물론이고 범죄도 많이 발생한다. 온화한 기후에만 관심을 둘 수 없기에 중서부 사람들의 예측만큼 그렇게 행복하지 못한 것이 현실이다.

이처럼 우리는 타인을 바라볼 때 그 사람의 장점만 바라보는 경향이 있다. 그러나 어떤 면이든 장점이 있다면 단점도 함께 존재하는 법이다. 내가 이웃집 잔디를 보면서 '푸릇푸릇 잘 자라서 부럽다'고 생각할 때 이웃집은 '우리 집 잔디는 왜 이렇게 빨리 자라는 걸까? 잔디 깎는 것도 일인데…'라며 한창 불평을 쏟아내는 중인지도 모른다.

이렇게 남을 부러워하기보다는 지금 나에게 주어진 것에 기뻐하는 습관을 들이자. 부족한 면에만 눈을 돌리면 나 아닌 모든 사람이 부러움의 대상이 될 뿐 행복에는 아무런 도움이 되지 않는다. 그러니 자신에게 무엇이 있는지 돌아보며 항상 감사히 여기는 마음을 갖도록 하자.

제5장

말하는 대로 이루어지는 '확신'의 말버릇

"나는 반드시 부자가 된다!"

이루고 싶은 꿈이 있으면 다음과 같이 그 꿈을 항상 입버릇처럼 되뇌는 습관을 들이자.

"1년 안에 분명히 오디션에 합격할 거야!"

"반드시 스물다섯 살까지 독립해서 사업가가 될 거야!"

"다이어트해서 연말까지 5킬로그램을 뺄 거야!"

이때 핵심은 '~하기 때문에 할 수 있다', '어떻게 해야 성공할 것이다'가 아니라 어떠한 근거가 없더라도 '내 미래는 어쨌든 밝을 거야!'라고 생각하는 것이다. 자신의 미래를 긍정적으로 바라보는 데에는 굳이 근거를 찾을 필요가 없다. 게다가 이런 생각은 직접 말로 구체화하여 표현하면 더욱 효과적이다.

그리고 이러한 태도는 실제로 행운을 불러오기도 한다. 캐나다 칼턴 대학교의 심리학 교수인 존 체렌스키John Zelenski는 행복한 사람일수록 자신에게 계속해서 긍정적인 사건이 일어나리라고 예상한다는 사실을 밝혀냈다. 행복한 사람은 대체로 자신의 미래가 밝으리라는 전망을 가진다. 이를테면 이런 식이다.

"난 분명 행복한 결혼을 해서 똑똑한 아이를 낳을 거야. 병에 걸리지 않고 건강하게 살면서 부자도 되겠지!"

이처럼 긍정적인 확신을 습관처럼 하기 때문에 그들은 행복한 감정을 잘 유지한다. 그리고 미래에 대해 긍정적으로 생각하는 사고방식은 정말로 밝은 미래를 끌어당기는 열쇠가 된다. 언제나 자신이 성공하리라는 생각을 갖고 있으면 성공하는 데 필요한 정보들이 눈에 쏙쏙 보이기 때문이다. 마치 어떤 주제와 관련된 책을 찾고자 서점에 갔을 때 몇 만 권이나 되는 책들 속에서 내가 찾으려는 책을 쉽게 찾을 수 있는 것과 같다.

'반드시 부자가 될 거야!'

'일에서 꼭 성과를 내겠어!'

항상 이런 생각을 하고 있으면 사업 기회에 보다 민감하게 반응할 수 있다. 거리에서 사람들이 나누는 대화를 듣다가도 '돈이 되겠다' 싶은 아이디어를 직감적으로 알아차리거나 신문을 보면서도 필요한 정보들을 쉽게 발견하게 된다. 반대로 '꼭 부자가 되지 않아도 상관없지 뭐.' 이렇게 생각하는 사람은 모처럼 좋은 사업 기회가 눈앞에 있어도 이를 깨닫지 못한다. 스스로 부자가 되겠다는 의식이 없으면 기회가 아무리 주어져도 고스란히 놓치고 만다. 원하는 바를 항상 의식했을 때 더 쉽게 현실로 이루어지는 까닭이 바로 여기에 있다.

이루고 싶은, 바라는 미래의 모습이 있다면 그것을 끊임없이 떠올리기 위해서라도 항상 말로 표현하는 습관을 들이자.

'원한다고 다 이루어질 리 없는데 쓸데없는 짓 아닌가?'

누군가는 이렇게 비웃을지 모르지만 개의치 말고 바라는 바를 항상 구체적인 말로 꺼내도록 하자. 이러한 습관은 꿈을 이루는 데 필요한 정보를 당신에게 반드시 가져다줄 것이다. 꿈의 실현은 바로 여기서부터 시작된다.

어떤 일이든 잘 풀리는
세 가지 말하기 습관

심리학에는 '긍정적 착각'Positive illusion이란 용어가 있다. 자신에 대해 낙관적인 자기 개념을 지닌다는 의미인데 '착각'Illusion이라는 단어에서 잘 알 수 있듯이 낙관적인 인식에 별다른 근거는 개입되지 않는다. 그저 강렬하게 그렇다고 믿으면 그만이다.

　미국 캘리포니아 대학교의 심리학 교수인 셸리 테일러Shelley Taylor는 긍정적 착각이 ① 과하게 긍정적인 자기 평가, ② 통제에 대한 강한 신념, ③ 낙관주의 이렇게 세 가지 요소로 성립된다고 주장한다.

　첫 번째 요소인 과하게 긍정적인 자기 평가란 말하자면 '나르시시스트'가 되는 것과 비슷하다. 행복에 있어서 아주 중요한 개념이니 바로 뒤에서 좀 더 자세히 논하기로 하자. 긍정적인 자기 평가에는 "나란 사람은 좀 멋진 것 같아!"라고 말하는 습관이 도움이 된다.

두 번째 요소인 통제에 대한 강한 신념은 '자신의 운명을 스스로 만들어갈 수 있다'는 믿음을 가리킨다. "내가 하면 더 잘될 거야.", "분명히 해낼 수 있어." 이런 식의 말이 통제에 대한 믿음을 강화하는 데 도움이 된다.

세 번째 요소는 무조건 낙관적으로 생각하는 태도를 말한다. "내 미래에 불안 요소는 없어.", "지금 이대로 밝은 인생만 걷게 될 거야." 이렇게 말하는 습관을 들이면 낙관적인 생각을 하는 데 효과적이다.

셸리 테일러 교수는 이렇게 세 가지 긍정적 착각을 많이 하는 사람일수록 그렇지 않은 사람에 비해 더 건강하고 행복을 느끼며 생산적이고 창의적인 일을 한다는 점을 지적했다.

그렇다면 어떤 노력을 기울여야 이러한 긍정적 착각을 할 수 있을까? 먼저 매일 적어도 10번 정도 위에서 언급한 표현을 직접 소리 내어 말하는 습관을 들여야 한다. 어떤 표현이든 상관없지만 세 가지 긍정적 착각과 관계된 말일수록 효과적이다.

"난 참 대단해!"

"나는 어떤 장애물도 뛰어넘을 수 있어!"

"내 미래는 분명 밝을 거야!"

긍정적인 자기 개념을 갖게 되면 더 이상 어떤 일도 두려워할 필요가 없다. 어떤 역경이 닥쳐도 자신에 대한 믿음만 있다면 누구나 씩씩하게 헤쳐 나갈 수 있기 때문이다.

사랑받는 나르시시스트의 말버릇

앞서 자기 자신에 대해서는 조금 과하더라도 긍정적인 평가가 무척 중요하다는 이야기를 했다. 나 자신을 사랑하게 되면 분명 인생이 즐거워진다. 그러니 우리는 모두 나르시시스트가 될 필요가 있다.

그런데 나르시시스트가 되는 것을 목표로 하라고 하면 '그럼 사람들이 나를 싫어하지 않을까?'라는 생각에 불안해하는 독자들이 있을지도 모르겠다. 하지만 절대로 그렇게 될 일은 없으니 부디 안심하고 나르시시스트가 되어보도록 하자.

일반적으로 사람들이 나르시시스트를 싫어한다고 오해하는 경우가 많은데 실제로 그런 일은 전혀 일어나지 않는다. 독일

뮌스터 대학교의 밋자 박Mitja Back 심리학과 교수는 서로 모르는 사이의 대학생들을 모아놓고 학생 전원을 대상으로 자기 자신을 얼마나 사랑하는지 나르시시즘 정도를 측정하는 심리 테스트를 진행했다. 그러고 나서 모두가 모인 자리에서 한 명씩 자기소개를 하도록 했다. 학생들은 자신의 차례를 제외하고는 심사위원이 되어 자기소개를 하는 사람의 인기 점수를 매겼다. 그 결과 나르시시스트로 분류된 학생일수록 자기소개에서 받은 인기 점수가 높다는 사실이 밝혀졌다. '나르시시스트가 되면 사람들이 재수 없다며 싫어할 것'이라는 인식은 터무니없는 오해였던 것이다. 실은 그 반대로 나르시시스트일수록 사람들이 쉽게 매력을 느낀다는 사실이 실험을 통해서 드러났다.

그럼 나르시시스트는 어째서 호감의 대상이 되는 것일까? 밋자 박 교수는 학생들이 자기소개 하는 모습을 하나하나 분석한 결과 그 이유를 명확히 알 수 있었다. 나르시시즘이 강한 학생일수록 이야기할 때 표정이 매우 풍부했는데, 이런 모습이 상대방에게 매력적으로 비춰지는 요인으로 작용했던 것이다. 또한 나르시시스트는 큰 제스처를 섞어가며 말하는 특징도 보였다. 자신감이 넘쳐 보이는 이러한 몸짓 역시 호감을 느끼게 하는 요소로 평가됐다.

나르시시스트는 유머 감각이 뛰어나다는 점도 밝혀졌다. 시시한 농담도 재미나게 말하기 때문에 상대방은 저도 모르게 빠져들면서 웃게 된다. 그러니 재미있는 사람일수록 인기가 많은 것은 당연한 일이다. 마지막으로 옷차림에서도 차별점이 보였는데, 나르시시스트는 그렇지 않은 학생에 비해 옷차림이 밝고 화려해서 눈에 띄는 경우가 많았다. 원래 자기 과시 욕구가 강한 나르시시스트의 취향이 반영된 이러한 옷차림 또한 인기를 얻는 요인이 됐다.

이런 연구 결과들을 보면 나르시시스트가 시기와 질투의 대상이라는 인식은 전혀 근거 없는 오해라는 생각이 든다. 그러니 얼마든지 나르시시스트가 되어도 좋다.

"난 정말 멋진 사람이야!"

항상 자신에게 이런 말을 들려주면서 행복을 위한 자아도취를 맛보도록 하자.

'이 사람의 장점은
무엇일까?'

긍정적 착각은 반드시 자기 자신을 대상으로 삼지 않아도 된다. 타인을 향한 긍정적 착각도 행복에 도움이 되기 때문이다. 우리는 누군가와 사랑에 빠지면 제 눈에 안경처럼 상대방의 결점까지도 매력으로 느끼곤 한다. 이처럼 타인을 바라볼 때는 긍정적인 착각을 유지하는 것이 행복도를 높이는 방편이 된다.

미국 뉴욕 주립대학교의 산드라 머레이Sandra Murray 심리학과 교수는 60쌍의 부부와 동거 중인 커플 11쌍, 약혼한 커플 11쌍을 모집하여 파트너에 대해 평가하는 실험을 진행했다. 또한 서로의 관계에 대한 만족감도 함께 알아보았다. 그리고 그 결과 파트너를 '이상화'하는 사람일수록 관계에 대한 만족도가 높다는 사실이 밝혀졌다.

가령 남편의 용모가 수수한 편이더라도 '우리 남편 얼굴은 어쩜 이렇게 귀여울까?'라고 생각하는 아내일수록 행복한 결혼생활을 할 확률이 높았다. 마찬가지로 여자친구가 살이 쪄도 남자친구가 '내 여자친구는 깨물어주고 싶을 만큼 귀여워!'라고 생각하는 커플은 행복도가 높게 나타났다. 자신을 긍정적으로 바라봐주는 애인 덕에 만족감을 느끼면 여자 쪽에서도 더 많은 애정을 돌려주려 하기 때문이다. 그런 식으로 서로의 관계가 점점 원만해지는 것이다.

행복한 사람은 언제나 긍정적 착각의 시선으로 타인을 평가한다. 인간관계가 순조롭게 흘러가는 사람은 이렇게 만나는 모든 이를 긍정적 착각의 시선으로 바라보는 습관이 몸에 배어 있다. 상대의 결점을 찾아내서 흠을 잡으려 하기보다 오히려 좋은 점을 발굴하기 위해 노력하는 것이다. 설사 상대에게 안 좋은 면이 있더라도 '그런 점도 괜찮다'고 생각하고 '이 사람은 어떤 점이 뛰어날까?'라는 관점으로 상대를 바라보려 한다.

자신을 이상적으로 생각해주는 누군가를 나쁘게 평가할 사람이 세상에 있을까? 자신에 대해 긍정적으로 이야기하고 이상화해주는 상대가 좋아질 수밖에 없다. 만약 스스로를 별 볼 일 없다고 여기던 사람이라면 상대의 그런 태도에 더 큰 기쁨과 행복을 느끼게 될 것이다. 이런 사람이 좋은 평가를 받는 것은 어찌 보면 당연하다.

하지만 긍정적 착각을 유지하는 일이 쉽지만은 않다. 사실 인간의 뇌는 가성비가 무척 떨어지고 게으른 경향이 있어 타인의 장점을 발견하는 일보다 결점을 찾아내는 일에 더 능숙하다. 그러므로 항상 장점을 찾아내려는 습관을 들이려면 '저 사람의 좋은 면을 발견하겠다'고 의식적인 노력을 기울이는 것이 매우 중요하다.

'모든 일은 생각하기 나름'이라는 말이 있다. 못생긴 얼굴도 찬찬히 들여다보면 귀엽게 보이고 까칠한 성격도 관점에 따라서는 매력적으로 느껴질 수 있다. 결국 스스로 어떻게 생각하느냐가 가장 중요한 셈이다.

협력하는 관계가
일의 성공을 부른다

사람은 공동 작업을 통해서 점점 사이가 좋아지는 경우가 많다. 무언가를 함께 하다 보면 마음이 서로 통하게 되어 일반적으로 사람을 사귈 때보다 훨씬 빠르고 쉽게 친밀해진다.

'난 친구라고 부를 만한 사람이 없어….'

혹시 이런 고민을 안고 있다면 동아리나 동호회, 봉사활동 등 무엇이든 상관없으니 누군가와 함께 할 수 있는 활동을 시도해 보자. 그렇게 하면 자연스레 친구도 늘어나게 된다.

오스트리아 인스브루크 대학교의 토비아스 그리트마이어Tobi-as Greitemeyer 사회심리학과 교수는 비디오 게임인 '마리오 카트'를 활용해서 재미난 실험을 진행한 바 있다. 한 그룹은 모르는 사람끼리 짝을 이루게 한 뒤, 한 명이 카트를 조작하면 다른 한 명은 아이템을 사용하면서 다른 그룹을 방해하도록 역할을 구분 짓고 게임을 하도록 했다. 서로 협력해야만 좋은 점수가 나올 수 있는 방식이었다. 이런 식으로 협력해서 게임을 진행한 결과, 게임이 끝난 후에 서로 '강한 동료 의식'이 싹트면서 아주 친밀한 관계가 형성됐다는 사실을 발견했다. 그리트마이어 교수는 비교를 위해 다른 그룹을 대상으로 카트와 아이템 조작을 혼자서 하는 일반적인 1인 플레이로 게임을 진행시켰는데 이 그룹에서는 구성원끼리 서로 친해지는 모습을 관찰할 수 없었다.

게임이든 마라톤이든 골프든 꽃꽂이든 무엇이든 좋으니 다른 사람과 함께 하는 활동을 찾아 해보도록 하자. 가능하면 서로 협력할 수 있는 활동을 더욱 추천한다. 이런 활동을 함께 하다 보면 자연스레 서로 친해지게 되면서 친구도 늘어난다. 직장에서 이런 친구를 만드는 것도 좋지만 직장 내에서의 친목은 아무래도 한계가 있으니 되도록이면 사적인 영역에서 친구를 늘리기를 권한다. 그래야 다양한 분야의 친구를 사귈 수 있고 인맥도 넓어진다.

'이제 와서 취미 생활이라니 귀찮은데…'라는 생각은 잠시 떨쳐내자. 어떤 음식을 처음에는 별로 좋아하지 않았는데 먹다 보니 좋아하게 되는 경우를 생각해보자. 취미도 마찬가지다. 스스로 알아채지 못했을 뿐, 실제로 해보면 의외의 재미를 느껴 빠져드는 경우도 많다. 나 역시 지역 내 풍물놀이 동호회에 들어가서 아무 생각 없이 일본의 전통 피리를 연주해보았는데 처음과 달리 이제는 진심으로 즐기고 좋아하는 취미가 됐다.

조금만 관심을 갖고 찾아보면 가까운 지역에서도 여러 가지 활동이 이루어지고 있다는 사실을 알 수 있다. 내가 그랬듯 일단 해보면 무엇이든 즐기게 되는 것이 인간의 본성이니 어떤 것이든 꼭 시도해보길 바란다.

만남에서 오는
피로감에 주의하라

실없이 수다를 떨고 무엇이든 터놓고 이야기할 친구가 있다는 사실은 정말이지 큰 행복이다. 그런데 여기에는 한 가지 맹점이 존재한다. 친구가 많으면 그만큼 행복도가 올라가기도 하지만 동시에 인간관계가 가져다주는 스트레스 또한 매우 커지기 때문이다.

미국 캘리포니아 대학교의 심리학 조교수인 제니퍼 하월Jennifer Howell은 대학생 서머스쿨에서 흥미로운 조사를 시행했다. 이 서머스쿨은 유럽과 미국, 호주에서 대학생을 모집하여 개최되는데 연구진은 이 자리에서 서로 일면식도 없는 대학생들이 어떤 식으로 관계를 형성해가는지를 면밀히 관찰했다. 그리고 그 결과 인적 네트워크의 중심에 있는 사람의 행복도가 매우 높다는 사실이 드러났다. 워낙 다양한 나라에서 온 친구들과 어울리며 친해질 수 있는 기회가 됐기 때문이다.

하지만 동시에 네트워크의 중심에 있는 사람일수록 스트레스 또한 크다는 점도 밝혀졌다. 여러 친구를 사귀고 계속해서 이야기를 나누는 상황은 물론 즐겁지만 아무래도 진이 빠지는 일이기 마련이다. 이에 하월 교수는 서머스쿨이 끝나고 두 달 뒤에 다시 한번 참가 학생들을 대상으로 조사를 진행했는데 네트워크의 중심에 있던 학생일수록 감기나 독감을 경험한 비율이 높게 나타났다. '교제에서 오는 피로감' 때문에 몸의 면역력이 저하된 것으로 추측된다고 연구진은 밝혔다.

친구가 늘어나는 일은 바람직하지만 그 수가 200~300명 가까이 된다면 과연 어떨까? 조사에 따르면 친구들과의 만남이 많을수록 상당한 피곤함을 느낀다고 한다. 하월 교수의 연구를 통해서 인적 네트워크가 넓을수록 행복하다는 사실을 알게 됐으니 '행복과 맞바꾸는 일이니 조금 피곤해도 문제없다'고 생각하는 사람은 얼마든지 많은 친구들과 만남을 이어가도 상관없겠다. 하지만 그렇지 않은 경우라면 친구를 사귀는 일에도 어느 정도 선을 긋는 자세가 바람직하다.

피곤함을 느끼지 않고 행복해지는 친구의 수는 개인마다 차이가 크다. 사람에게서 에너지를 얻기에 아무리 많은 사람과 만나도 끄떡없는 외향적인 사람도 있고, 적은 친구를 만나도 금방 에너지가 소진되는 내향적인 사람도 있다. 이런 개인차 때문에 딱 잘라 몇 명이 적당하다 말할 수는 없지만 자기 나름대로 지치지 않을 범위를 찾아서 인간관계를 유지하는 편이 좋다.

내향적인 성격의 사람은 두세 명의 친구만 있어도 충분히 행복할 수 있고 외향적인 사람은 1,000명의 친구들과도 거뜬히 관계를 이어나갈지 모른다. 그러니 스스로 적당하다 생각되는 범위에서 친구를 사귀도록 하자. 사람과의 만남 자체는 분명 행복한 경험이 될 테니 말이다.

"반이나 남았네." vs.
"반이나 끝냈네!"

컵에 반 정도 물이 남아 있는 모습을 보고 어떻게 느끼느냐에 따라서 사람은 두 가지 유형으로 구분된다.

"물이 반밖에 안 남았네?"

"물이 아직 반이나 남았어!"

전자는 비관적인 유형이고 후자는 낙관적인 유형에 속한다.

이렇듯 어떤 '사실'은 결코 변하지 않지만 그것을 받아들이는 '태도'는 얼마든지 바꿀 수 있는 법이다. 언제나 행복한 기분을 유지하고 싶다면 모든 사건이나 상황을 긍정적인 틀에서 해석하고 사고하는 습관을 들여야 한다.

미국 아이오와 대학교의 심리학 명예교수인 어윈 레빈Irwin Levin

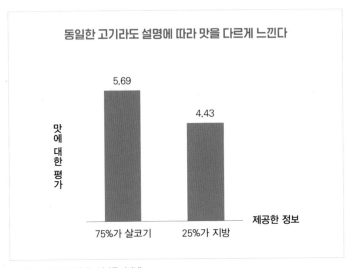

동일한 고기라도 설명에 따라 맛을 다르게 느낀다

5.69

4.43

맛에 대한 평가

75%가 살코기   25%가 지방

제공한 정보

* 수치가 높을수록 맛있다는 평가를 나타냄.
(출처: Levin, I. P., Gaeth, G. J., How Consumers are Affected by The Framing of Attribute Information Before and After Consuming The Product, 1988.)

은 고기 시식을 가장하여 한 가지 실험을 진행했다. 연구 팀은 고기를 시식하는 절반의 그룹에겐 '지방 함량이 25퍼센트인 고기'라고 정보를 전달한 반면, 나머지 그룹에게는 '살코기 함량이 75퍼센트인 고기'라는 설명을 곁들였다.

조금만 생각해보면 알겠지만 두 정보는 같은 고기를 다르게 표현한 것에 불과하다. '지방 함량 25퍼센트'를 달리 말하면 '살코기 함량 75퍼센트'이기 때문이다.

그런데 '지방 함량이 25퍼센트인 고기'라고 전달한 그룹에서는 고기의 맛을 나쁘게 평가한 경우가 많았다. 지방이 물컹물컹 씹혀서 기분이 나쁘다거나 먹을 만한 음식이 아니라고 평한 것이다. 다시 한번 강조하지만 둘은 완전히 같은 고기다. 그런데도 '지방 함량이 25퍼센트'라고 말하자 맛이 없다고 느낀 것이다.

이 사례에서 알 수 있듯이 우리가 행복해지는 비결은 그리 멀리 있지 않다. 늘 하는 생각을 긍정적인 방향으로 바꾸고 그 틀에 맞춰 말로 표현하는 습관을 들이면 된다. 처리할 일이 산더미처럼 쌓여 있을 때도 '어휴, 아직 할 게 반이나 남았네'라고 생각하면 더욱 지긋지긋하게 느껴지는 법이다. 하지만 '와, 벌써 반이나 끝냈어!'라고 여기면 나머지 반을 마저 처리하기 위해 뒷심을 발휘할 의욕이 샘솟게 된다.

기대하지 않는다고 말할 때
보너스가 생긴다

행복해지려면 기본적으로 남에게 무언가를 기대하는 마음 혹은 보상을 바라는 마음을 버려야 한다.

'전에 내가 이러이러한 도움을 줬으니까 오늘 야근할 때는 내가 부탁하지 않아도 저 사람이 날 도와주겠지?'

이런 식으로 타인에게 혼자만의 기대를 거는 사고방식은 결코 바람직하지 않다.

누군가에게 어떤 기대를 품게 되면 그 기대가 어긋났을 때 실망하는 경우가 대부분이기 때문이다. 그러니 애초에 기대를 하지 않아야 실망하는 일도 발생하지 않는다. 내가 바라는 대로 상대가 움직여주지 않으면 실망하는 데서 그치지 않고 더러는

화가 나기도 한다. 타인의 도움을 기대하면 결국 자신만 감정적으로 손해를 보는 것이다.

괜한 기대감은 일이 예상대로 흘러가지 않을 때 불필요한 분노를 유발한다. 미국의 사회심리학자 스티븐 워첼Stephen Worchel은 이를 실험을 통해 증명했다. 실험에 참가한 사람을 대상으로 사전에 작업을 도와주면 좋아하는 상품을 고를 수 있다고 말했지만 실제로는 상품을 스스로 고르지 못하게 하고 임의로 나눠주는 상황을 연출해서 반응을 관찰하는 실험이었다. 원하는 상품을 고를 수 있으리라 기대했던 참가자들은 당연하게도 모두 불만과 화를 표출했다. 워첼 박사는 비교군으로 처음부터 이런 기대감을 주지 않고 주최자가 임의로 상품을 배정하는 조건으로도 실험을 진행했는데 이 경우에는 참가자들이 전혀 화를 내지 않았다.

이처럼 사람은 혼자서 만들어낸 어떤 '기대감' 때문에 불쾌함을 느끼거나 기분이 언짢아지기도 한다. 그렇다면 처음부터 기대를 하지 않는 것이 가장 최선의 방법이 아닐까? 기대를 하지 않으면 상대방이 무언가를 해주지 않더라도 전혀 신경 쓰이지 않는다. 애초에 상대에게 보상을 바라거나 상대를 의지해야 할 대상으로 보지 않기 때문이다.

'그 사람이라면 내가 곤경에 처했을 때 돈을 빌려줄 거야.'

'나를 사랑하면 문자에 바로 답을 하겠지.'

'내 기획이 마음에 든 것 같으니 금방 승인이 날 거야.'

이런 식으로 혼자서 달콤한 기대를 품는 습관은 실망으로 이어지기 쉽다. 기대가 어긋난 순간 어찌할 수 없을 만큼 기분이 가라앉기 때문이다.

하지만 이는 상대방의 잘못으로 비롯된 것도 아니고 내가 혼자 만들어낸 감정일 뿐이다. 달콤한 기대감이 피어오르려 할 때는 스스로 이렇게 타일러보자.

'기대하지 말자. 그래야 누가 뭘 해주지 않아도 나중에 마음이 편한 법이야!'

이렇게 생각하는 습관이 나중에 배신감을 느끼거나 기분이 나빠지는 사태를 방지하는 비결이다.

기대하지 않는 습관에는 이외에도 또 다른 장점이 있다. 만약 상대방이 자신이 바라는 대로 무언가를 해주면 그 기쁨이 더욱 커지게 된다는 점이다. 마치 깜짝 선물을 받은 듯 기분이 즐거워진다.

'어? 전혀 기대하지 않았는데… 오늘 야근 도와주는 거야? 진짜?'

이처럼 기대에 없던 친절은 당신에게 두 배, 세 배 이상의 기쁨을 안겨준다. 기대감을 버렸을 때만 누릴 수 있는 일종의 보너스인 셈이다.

'하이파이브'가
성과를 만든다

어떤 상대라도 단숨에 친해지는 방법이 있다. 바로 상대방과 신체적인 접촉을 늘리는 것이다. 상대의 팔을 잡거나 어깨동무를 하며 걷다 보면 금세 친밀감이 생기곤 한다. 이 같은 현상을 '신체 접촉Physical touch의 효과'라고 부른다.

스포츠의 세계에서도 팀 분위기가 좋고 선수들끼리 친한 팀일수록 터치를 자주 하는 모습이 관찰되곤 한다. 심지어 그런 팀일수록 경기력에서도 우세한 경우가 많다.

미국의 사회심리학자이자 예일 대학교 경영대학원 부교수인 마이클 크라우스Michael Kraus는 2008~2009 시즌에 뛰었던 30개 NBA 농구 팀과 선수 294명을 대상으로 신체 접촉의 효과에 관한 연구를 진행했다. 연구 팀은 정규 시즌 초반 2개월 동안 이루어진 모든 경기를 철저하게 분석하여 팀에서 선수들끼리 어느정도의 신체 접촉이 있는지 조사해보았다. 팀 동료가 득점을 할 때마다 서로 하이파이브를 하거나 몸을 부딪치며 환호하고 포옹하는 등의 여러 신체 접촉을 모두 카운트했다. 그리고 시즌이 끝난 후 팀의 승률이나 개인 득점 등을 계산해보니 '동료 간에 신체적인 접촉을 자주 하는 팀일수록 높은 성과를 냈다'는 결과가 도출됐다.

신체적 접촉이 사람 사이의 친근감을 높이고 나아가 높은 성과를 가져올 수 있다는 사실이 연구를 통해 드러난 만큼 이를 일하는 환경에도 적용해보면 어떨까? 예를 들어 "그 기획 정말좋았어!"라고 말하면서 동료의 어깨를 가볍게 두드리는 응원으로서의 가벼운 신체 접촉은 경직되어 있던 직장 내 분위기에 온기를 더하고 동료 간의 친밀감을 형성하는 데 분명 도움이 될것이다.

제6장

나쁜 감정을 날려버리는 '생각 전환'의 말버릇

때로는 '어쩔 수 없지'가
도움이 된다

세상에는 아무리 노력해도 뜻대로 되지 않는 일이 얼마든지 존재한다. 그럴 때는 안 되는 일에 계속해서 집착하기보다 '어쩔 수 없지' 하고 가볍게 현실을 받아들이는 태도를 갖출 필요가 있다.

아무리 집착해도 계속해서 잘 풀리지 않는 일은 결과도 그다지 좋지 않은 편이다. 이럴 때는 그냥 웃어넘기고 망설임 없이 다른 곳으로 시선을 돌리는 방법이 훨씬 건설적이다.

"좋아! 이제는 끝이야, 끝!"

"그래, 지금까지 충분히 할 만큼 했어!"

"자, 이제 다음으로 넘어가자!"

일이 뜻대로 되지 않을 때는 이렇게 말하면서 다음 행동을 준비하는 편이 훨씬 정신 건강에 바람직하다. 안 되는 일에 계속 집착해봤자 에너지만 소진될 뿐이다. 예를 들어 내가 영업 일을 하고 있다고 해보자. 내 쪽에서 아무리 열정적으로 상품에 대해 설명해도 고객 입장에서 애초에 구매할 의향이 전혀 없으면 계약은 결코 성사될 수 없다. 제아무리 노력해도 불가능한 일은 그냥 불가능할 뿐이다. 이런 경우에는 고객에게 시간을 내주어 고마웠다고 감사의 말을 전한 뒤에 다음 고객을 찾아가는 편이 현명하다.

연인 관계에서도 마찬가지다. 여러 가지 이유로 서로 이별을 하게 됐더라도 미련을 버리지 못하고 집착하는 것은 옳지 않다. '그래, 인연이 아닌 거지' 하고 깨끗이 받아들인 후에 더 멋진 사람을 찾도록 하자. 그 편이 실연의 상처에서 좀 더 빨리 회복하는 길이다.

미국 노스다코타 주립대학교의 마이클 로빈슨Michael Robinson 심리학과 교수는 일상생활을 하다 보면 '본인의 힘으로는 도저히 어찌할 수 없는' 일에 맞닥뜨리게 되는데 그런 영역까지 포기하지 않고 어떻게든 해보고자 애쓰는 사람일수록 기분이 쉽게 우울해진다는 사실을 밝혀냈다.

세상일이 노력한 만큼 잘 풀린다면 얼마나 좋겠는가. 모두가 꿈꾸는 이상적인 삶일 테다. 그러나 힘껏 발버둥 치며 애써도 잘 풀리지 않을 때가 많다. 그렇게 노력해도 아무 소용이 없는 상황에서는 집착하면 할수록 더욱 큰 절망과 실망을 느끼게 된다. 그러므로 어차피 소용없을 일이라면 애초에 무리하지 않는 선에서 재빨리 포기하는 용기도 필요하다. 그래야 마음이 상처받지 않는다. 이런 상황에 놓였을 때는 다음과 같은 말하기 습관으로 도움을 받도록 하자.

"그래, 어쩔 수 없지 뭐!"

아무리 발버둥 치고 또 발버둥 쳐봐도 결과가 계속해서 바뀌지 않으면 사람은 무기력에 빠지기 쉽다. 이를 '학습된 무기력' Learned helplessness이라고 부르는데 이처럼 극복하기 힘든 상황에 반복적으로 노출되면 나중에는 아무런 장애물이 없는 상황에서도 의욕을 느끼지 못하고 회피하는 성격이 되고 만다. 그렇게 되지 않도록 미리 손을 써야 한다.

내가 고등학생 때 가지고 있던 한 수학 참고서에는 이런 말이 적혀 있었다.

"수학 문제를 풀 때 1~2분 정도 고민했는데도 답을 모르겠으면 즉시 해답을 보는 습관을 들이자. 30분이고 1시간이고 끙끙

대며 씨름해봤자 결국 시간 낭비일 뿐이다."

인생도 수학 문제와 마찬가지다. 그러니 일이 마음먹은 대로 흘러가지 않을 때는 재빨리 포기할 줄 아는 용기도 매우 중요하다는 것을 기억하자.

'버티면 돈을 받는 게임' 이라는 생각

아무리 하기 싫은 일이라도 우리는 '금전적인 대가'가 주어진다고 하면 대부분 마음을 고쳐먹는 편이다(물론 그 대가가 얼마냐에 따라 달라질 수 있긴 하지만). 사람은 누구나 타산적인 면이 있기 때문이다.

그렇다면 이러한 심리를 업무나 일상생활에도 적용해보면 어떨까? 조금 짜증이 나고 하기 싫은 일이라도 '그래, 이걸로 매달 월급 받고 있는 거지' 하고 생각하면 견디는 데 상당한 도움이 된다.

무슨 일이든 돈과 결부시키는 것이 조금 거북하게 느껴지는 독자들도 있을 테다. 그러나 돈이라는 물질적 대가가 인간에게 강렬한 동기부여가 된다는 사실만은 부정할 수 없다. 돈을 위해서라면 웬만한 일도 거뜬히 참아내는 게 우리 인간의 속성이기 때문이다.

미국 코네티컷 대학교의 샤론 베이커Sharon Baker 박사는 이와 관련된 한 가지 흥미로운 실험을 진행한 바 있다. 신경이 마비될 정도로 차가운 얼음물을 통에 준비해두고 주로 쓰는 손이 아닌 다른 쪽 손을 얼음물에 집어넣어 얼마만큼 고통을 참을 수 있는지를 알아보는 실험이었다. 물은 통증이 느껴질 정도로 차가운 상태라 누구나 버티기 힘든 조건이었다. 참가자들이 참아낸 시간을 측정해보니 대부분 평균 110.10초에서 더 이상 버티지 못하고 손을 들었다.

이어서 연구 팀은 조건에 살짝 변화를 주어 다시 실험을 진행했다. 실험 시작 전 참가자들에게 '4분 동안 버티면 2달러의 보수를 주고 이후 1분이 늘어날 때마다 1달러씩 추가 보수를 지급한다'는 내용을 전달했다. 그러자 이번엔 버티는 시간이 평균 307.30초까지 늘어났다. 돈을 지급한다는 사실을 알게 된 순간 약 세 배가량 인내력이 강해지는 결과를 보인 것이다.

참으로 돈의 힘이 대단하긴 대단하다. 이렇게 돈이 관련되면 사람은 상당한 수준까지 인내력을 끌어올리곤 한다. 이와 같은 인간의 심리를 이해해두면 괴롭게 느껴지는 일을 어떻게 바라보면 좋을지 힌트를 얻을 수 있다. 하기 싫은 일을 어쩔 수 없이 해야만 할 때는 스스로 이렇게 타일러보자.

"이건 게임이나 마찬가지야. 참고 버티면 돈을 보상으로 받는 게임!"

분명 하기 싫은 일도 즐거운 도전처럼 느껴질 것이다. 설령 주어지는 보상이 적다 하더라도 일단 돈을 받을 수 있다고 생각하면 좀 더 선뜻 힘을 내게 된다. '피할 수 없다면 즐겨라'라는 말처럼 어차피 해야만 하는 일이라면 '버티기 게임'이라 생각하면서 즐기는 편을 택하도록 하자.

나를 위한 소비가
자기애를 높인다

"아무리 해도 자신감이 생기지 않아서 고민이에요."

"노력해봤지만 제 자신이 좋아지질 않아요."

최근 여러 강연들을 다니다 보면 이런 고민과 함께 자기혐오에 빠진 사람들을 의외로 많이 만난다. 그래서 이번에는 그런 고민을 눈 깜짝할 사이에 해소하는 방법에 대해 이야기해보려 한다.

방법은 매우 간단하다. 무엇이든 좋으니 명품 브랜드 제품을 한 가지 구입해서 가지고 다니는 것이다. 이렇게만 해도 자신에 대한 부정적인 인식을 어느 정도 개선할 수 있다.

물건이 주는 힘은 우리의 생각보다 훨씬 대단하다. 특히 이름

있는 브랜드 제품을 몸에 걸치거나 고가의 외제차를 타면 우리는 마치 스스로가 거물급 인사가 된 듯한 기분을 맛보게 된다. 이는 여러 연구를 통해서도 증명된 현상인데, 캐나다 요크 대학교 경영대학원 교수이자 소비자 행동 연구가인 러셀 벨크Russell Belk 박사는 이를 '확장된 자아'Extended self라고 표현한다. 값비싼 제품을 몸에 걸치면 마치 지위가 높아지거나 유명인이 된 듯한 느낌, 대단한 사람이 된 듯한 기분을 강하게 느낀다. 비싼 제품에서 느껴지는 이미지가 자신의 이미지를 끌어올려주는 역할을 하는 것이다.

군이 다른 사람에게 과시할 목적이 아니고 스스로의 자존감을 높이기 위해 구입하는 것이니 가방에 넣고 다니는 작은 파우치나 소매에 가려지는 손목시계 같은 물건도 상관없다. 남들의 눈에 띄지 않아도 내가 그런 물건을 '소유하고 있다'는 사실만 마음속에 새겨지면 자신에 대한 이미지는 매우 빠르게 긍정적으로 바뀌게 된다.

미국 델라웨어 대학교의 박지경 경영학 부교수는 미네소타 대학교의 학생들을 모집하여 한 가지 실험을 진행했다. 매사추세츠 공과대학교MIT라는 유명한 학교 이름이 새겨진 볼펜을 쓰도록 한 후 자기 자신에 대해 평가를 내려보도록 한 실험이었다. MIT 볼펜을 사용한 후 학생들이 내린 평가는 다음과 같았다.

- 내가 우수한 학생이 된 듯한 기분이다.
- 내가 리더가 된 것만 같다.
- 부지런하고 성실해진 느낌이다.

박 교수는 이후 다른 그룹을 대상으로 아무런 브랜드명이 새겨져 있지 않은 볼펜을 가지고 동일한 실험을 진행했는데 이 경우에는 위와 같은 평가가 전혀 나오지 않았다. 결국 'MIT'라는 대학 브랜드와 관련된 이미지가 자기 인식을 향상시킨 것이다.

물론 명품을 구입하려면 조금 큰돈을 지출해야 할 수도 있다. 하지만 단언컨대, 그에 합당하다 여겨질 만큼의 큰 효과를 볼 수 있을 것이다. 심지어 심리 상담을 받거나 자기계발 강의에 참석하는 일보다 훨씬 간단하면서 더욱 확실한 효과를 얻을 수 있다. 자신에 대한 인식이 손쉽게 긍정적으로 바뀐다면 이는 상당히 합리적인 소비가 아닐까?

그러니 자기혐오에서 헤어나기 힘들 때는 오래전부터 갖고 싶던 명품 브랜드의 제품을 너무 무리가 되지 않는 선에서 한번 구입해보자. 돈만 지불하면 누구나 금세 자기 인식을 긍정적인 방향으로 개선할 수 있으니 이것이야말로 쉽고 확실하게 행복으로 가는 길일 것이다.

충고를 비난으로
받아들이지 않는 법

우리는 상대의 말을 있는 그대로 받아들이지 않고 '자기 나름대로 의미를 부여'하면서 오해하곤 한다. 이를테면 상사가 "자네는 조금 더 신중할 필요가 있어."라고 지적한 것을 "너는 무능해."라고 받아들이는 식이다. 신중하라는 충고와 무능하다는 말은 전혀 다른 의미인데도 말이다.

상사는 '무능하다'는 말과 비슷한 말도 하지 않았다. 그런데도 우리는 상대의 발언을 곡해해서 '무능하다는 낙인이 찍혔다'고 부정적으로 생각하며 풀이 죽는다. 어쩌면 상사는 '다른 면은 더할 나위 없으니 성격이 급한 부분만 조금 신경 쓰면 완벽하다'라는 의미에서 말을 꺼냈을지도 모른다. 아니면 아무런 악의 없이 그저 조언을 해줄 요량으로 '신중하라'는 말을 했을지도 모른다.

인간의 영특한 두뇌는 종종 상대의 발언을 잘못 받아들이고 해석해서 삶을 복잡하게 만든다. 이처럼 상대가 한 말을 오해해서 자기 나름대로 해석하는 상황을 '의사소통의 오류'Miscommunication라고 부른다.

호주의 임상심리 전문가인 레이첼 오번Rachael O'Byrne에 따르면 이런 의사소통의 오류는 남녀 간에 더욱 자주 일어난다고 한다. 보통 여성은 공감 위주의 대화를, 남성은 해결 위주의 대화를 한다고 알려져 있다. 그래서 여성은 대화에서 '과정'을 중시하고 남성은 '정보'를 중시하는 경향이 강하다. 그러다 보니 서로 간에 오해가 발생해 불만을 품는 일이 자주 생긴다.

어쨌든 상대에게 무언가 마음에 걸리는 말을 듣더라도 무작정 기분 나쁜 티를 내서는 안 된다. 화가 날 때는 잠시 멈춰 서서 이렇게 생각해보자.

'악의를 갖고 말하는 건 아닐 거야.'

'혹시 내가 오해하는 걸까?'

'어쩌면 칭찬하는 의미에서 말해준 걸지도 몰라.'

의사소통의 오류를 방지할 수 있는 가장 빠른 방법은 뭐니 뭐니 해도 '확인'이다. 상대의 발언이 부정적으로 해석될 여지가 있을 때는 어떤 의미에서 한 말인지 상대에게 직접 확인하는 습관을 들여야 한다.

예를 들어 친구에게 "넌 우리 엄마 같아."라는 말을 들었다고 하자. 이 말을 '나이 들어 보인다'거나 '잔소리가 심하다'는 의미로 받아들이면 당연히 기분이 확 상해버리고 만다. 하지만 상대는 그런 뜻으로 던진 말이 아닐 가능성도 크다. 결국 어떤 의미에서 한 말인지는 직접 물어봐야 한다. 어쩌면 '엄마와 대화하듯이 말하기가 엄청 편해서 한 말'이라든가 '가족 같은 친근함이 느껴진다는 의미'라는 대답이 돌아올지도 모른다.

상대의 말을 오해해봤자 자신의 기분만 나빠질 뿐이다. 그러니 상대의 말은 항상 있는 그대로 받아들이는 습관을 들이도록 하자.

"일을 좀 더 작게 나누자!"

누구나 한껏 떠안은 업무 때문에 속으로 비명을 지를 때가 있다. 일을 끝내려면 몇 십 시간, 아니 몇 백 시간은 걸릴 듯해서 눈앞이 캄캄한 사람도 있을지 모르겠다. 이렇게 정신적으로 힘에 부칠 때는 '일단 분량을 잘게 쪼개자!'라는 말을 습관처럼 내뱉도록 하자.

'일을 좀 더 작게 나눌 순 없을까?'

이런 식으로 '분할 사고'를 시도하면 조금이나마 마음이 가벼워진다.

이와 같은 전략을 스몰 스텝Small step 원리 또는 스위스 치즈법Swiss cheese method이라고 한다. 스몰 스텝 원리란 높은 계단을 한꺼

번에 오르기는 힘이 드니 작은 계단으로 나누어서 조금씩 올라가고자 하는 사고방식을 지칭한다. 스위스 치즈법은 굉장히 커다란 스위스 치즈 덩어리를 한입에 먹기는 힘들지만 잘게 나누어 한 조각씩 먹다 보면 어느새 전부 먹게 된다는 방법론을 말한다. 스몰 스텝 원리나 스위스 치즈법 모두 결국 동일한 의미를 담고 있다.

큰 규모의 업무를 한 번에 해치우려 들면 제대로 시작해보기도 전에 지쳐 나가떨어져버릴 수 있다. 이럴 때는 '그래, 나누는 게 먼저야!'라고 생각해보자. 그러면 한 번에 처리해야 할 일의 크기가 작게 느껴지면서 이 정도면 할 만하다는 생각과 함께 의욕이 샘솟게 된다.

사회인지학습 이론의 창시자이자 미국 스탠퍼드 대학교 심리학부 명예교수인 앨버트 반두라Albert Bandura 박사는 7세부터 10세사이의 아동을 대상으로 산수 문제를 과제로 내주며 실험을 진행했다.

한 그룹에게는 258쪽짜리 문제집을 건네주면서 그냥 '이 문제집을 다 풀어오라'고 했다. 258쪽이나 되는 문제집을 푸는 일은 아이들에게 상당히 어렵고 하기 힘든 과제다.

결과적으로 참가자의 55퍼센트만이 끝까지 문제집을 풀고 과제를 완수했다. 절반에 가까운 아이들이 과제에 통과하지 못한 것이다.

이에 연구 팀은 다른 그룹을 대상으로 과제를 좀 더 작게 나누어 제시하는 실험을 이어갔다. 이 그룹의 아이들에게는 다음과 같은 설명을 덧붙였다.

"이 문제집을 하루에 6쪽씩 풀 수 있겠니? 적어도 6쪽씩 꾸준히 하다 보면 누구나 43일 동안 문제집 한 권을 다 풀 수 있단다."

그러자 아이들은 의욕을 내보였고 결과적으로 참가자의 74퍼센트가 258쪽짜리 문제집을 전부 풀어서 과제를 완수하는 모습을 보였다.

이처럼 양이 많거나 한 번에 처리하기 힘들어 보이는 일은 하루에 해야 할 분량이나 한 시간 동안 처리 가능한 크기로 작게 나눠보자. 그렇게 하면 분명 '에이, 별로 어려운 일이 아니었어'라는 생각이 들게 된다.

나 또한 책을 써야 할 때 '아아, 200쪽이나 써야 하다니…'라고 생각하면 시작하기도 전에 몸서리가 쳐져 엄두가 나지 않는다. 그런 까닭에 '하루에 20쪽'으로 전체 분량을 작게 나누어 작업을 하는 편이다. 그래도 힘에 부칠 때는 '하루에 10쪽'으로 목표량을 낮추기도 한다. 아무튼 '이 정도면 충분히 할 수 있다'고 생각되는 정도까지 일의 크기를 작게 쪼개는 것이 핵심임을 잊지 말자.

'느긋하게, 천천히'라는
주문

'슬로우 라이프'Slow life라는 말을 들어본 적 있는가? 영어권에서는 슬로우 리빙Slow living이라 칭하기도 하는데 '느긋한 속도로 인생을 즐기자'는 생활 방식을 뜻한다.

오늘날 현대인들은 무엇이든 빠른 속도로 처리하려 들기 때문에 정신적인 피로감을 호소하는 경우가 많다. 이렇게 마음에 여유가 없고 조급함을 느낄 때는 "느긋하게, 천천히 가도 괜찮아!"라는 말을 습관처럼 꺼내보자. 조금이지만 마음이 편안해지는 것을 느낄 수 있다.

'내일 중으로 여기까지 끝내야 돼!'

'월말까지는 반드시 완성해야 하는데….'

이러한 생각들로 일에 치여 항상 하루하루를 정신없이 보낸다는 사실을 잘 안다. 그래도 하루에 한두 시간 정도는 모든 일을 잊고 느긋하게 보낼 수 있는 시간을 마련해보도록 하자. 언제나 마음에 여유가 없는 현대인에게 이러한 휴식은 결코 헛된 시간이 아니다.

미국 미주리 과학기술대학교 경영정보기술학부의 피오나 나 Fiona Nah 교수는 사람들이 인터넷으로 정보를 다운로드하는 데 전반적으로 얼마나 기다릴 수 있는지 알아보는 실험을 진행했다. 과연 지극히 일반적인 유저는 얼마만큼의 시간을 기다릴 수 있을까?

연구 팀이 조사한 결과는 놀랍게도 '2초'였다. 2분도 아니고 20초도 아닌, 2초만 기다려도 우리는 초조함과 조바심을 느끼는 것이다. 상황이 이렇다 보니 대부분의 현대인들이 일을 하며 항상 긴장을 풀지 못하는, 신경이 곤두선 상태에 놓여 있다. 생활 페이스를 점점 빠르게 올릴수록 몸과 마음이 비명을 지르게 되는 것은 어찌 보면 당연한 결과다.

오늘날 현대사회를 살아가는 모두가 분주하다는 사실을 나 역시 아주 잘 알고 있기 때문에 생활의 모든 부분을 슬로우 라이프 방식으로 바꾸라고 권하지는 못한다. 어쩌면 불가능한 일이기도 하다. 하지만 적어도 하루에 한 시간 정도는 혼자서 느긋하게 보낼 수 있는 시간을 마련하길 바란다. 그 시간 동안 욕조에 몸을 담가도 좋고 천천히 저녁 식사를 즐겨도 된다. 한가로이 독서를 즐기면서 마음이 차분해지는 효과를 기대할 수도 있다.

내가 아는 어떤 이는 육아를 하면서 직장에도 다니는 워킹맘이었는데 아침 일찍 일어나서 '하루 한 시간 시 쓰기'를 일과로 정하고 이를 실천하고 있었다. 굉장히 바쁜 나날을 보내는데도 그 여성은 말투도 느긋하고 굉장히 차분해 보였다. 아마도 시를 쓰는 시간이 마음에 여유를 가져다주는 듯했다. 물론 이 사람을 따라 시를 쓸 필요는 없다. 그저 적어도 하루에 한 시간은 자신이 정말 좋아하는 일을 즐길 수 있는 시간을 만들기를 바란다.

현대사회를 살아가는 우리들은 모든 면에서 너무 빠른 속도로 달려가고 있다. 그렇게 최대한의 속도로 달리다 보면 누구나 금세 지치고 만다. 그러니 "느긋하게, 천천히 가도 괜찮아!"라는 말로 자신을 타이르면서 가끔은 숨을 돌리는 시간을 마련해보자.

"○○만 아니면
무엇이든 괜찮아."

장래에 하고 싶은 일을 발견하지 못하는 상황은 스스로에게 큰 걱정거리가 아닐 수 없다. 그렇다고 무턱대고 "꿈을 찾을 거야!"라고 소리 높여 외쳐본들 하고 싶은 일은 그리 쉽게 발견되지 않는다.

이럴 때는 발상의 전환이 필요하다. 억지로 '하고 싶은 일'을 찾으려고 애쓰기보나 '하기 싫은 일'을 꼽아서 하나씩 제거해가는 방법은 어떨까? 한마디로 소거법을 이용해 꿈을 찾아보는 것이다.

미국 콜롬비아 대학교 경영대학원의 레이철 맥도널드_{Rachel Mc-Donald} 교수는 연구를 통해 소거법의 유용성을 증명한 바 있다.

하고 싶은 일을 생각하기보다 하기 싫은 일을 고민하는 편이 때에 따라서는 의욕을 고취하는 데 훨씬 도움이 된다는 것이다.

맥도널드 교수 연구 팀은 약 800명의 대학생을 대상으로 어떻게 하면 환경보호 활동에 적극적으로 참여할 수 있는가에 대한 방법을 고민했다. 자연 친화적인 행동이 바람직하다는 사실은 누구나 알고 있지만 성가시거나 귀찮다는 이유로 많은 이들이 적극적으로 참여하지 않기 때문이다.

맥도널드 교수의 연구는 흥미로운 두 가지 방식으로 진행됐다. 연구 팀은 우선 환경에 도움이 되는 활동을 26가지로 압축했다. 샤워 시간을 단축한다거나 지역에서 생산되는 농산물을 구매한다는 등의 항목이었다. 그런 다음 한 그룹에게는 26가지 항목 중 '하고 싶은 활동'에 동그라미를 치도록 지시했다. 그랬더니 26개 중 평균 12.81개의 활동만 하고 싶어 한다는 결과를 얻었다.

반대로 다른 그룹에게는 '하고 싶지 않은 활동'에 선을 그어 하나씩 제거해나가도록 요청했다. 그리고 나서 남아 있는 활동의 개수를 헤아려보니 26개 중에 평균 18.90개라면 할 만하다고 생각한다는 결과가 나왔다.

이렇듯 '하고 싶은 일'만을 찾으려 하면 고르는 기준이 굉장히 까다로워져서 '이건 이래서 싫고 저건 저래서 싫다'는 생각을 하게 될 가능성이 크다. 반대로 '하고 싶지 않은 일'부터 하나씩 제거하는 방식을 취하다 보면 **"그래, ○○만 아니면 괜찮아."** 하는 식으로 판단의 기준이 후해진다.

하고 싶은 일이나 꿈을 발견하지 못해서 고민인가? 그렇다면 이제 '하고 싶지 않은 일'이 무엇인지 생각하는 방식으로 접근법을 살짝 바꿔보자. 야근이 싫은 사람이라면 '야근만 없으면 우선 무엇이든 괜찮다'는 식으로 금방 범위를 좁힐 수 있다. 분명 좋아하는 일이 무엇인지 고민할 때보다 좀 더 수월하게 결론에 도달하게 될 것이다.

몸과 마음이 지쳤을 때는
말보다 휴식이 먼저다

사람은 누구나 피곤이 쌓이면 정신적인 여유를 잃는다. 자신의
일만으로도 힘에 부치다 보니 다른 사람에게 신경을 쓰지 못하
는 경우도 자주 생긴다. 의도하지 않은 말 한마디로 상대방을
상처 입히고 마는 일 또한 대부분 피곤할 때 주로 발생한다.

특히 녹초가 되어 집에 돌아오는 날이라면 더욱 주의를 기울
여야 한다. 남편이나 아내, 혹은 아이들에게 괜한 짜증을 낼 수
있으니 집에 도착하기 10분 전쯤부터 심호흡을 하며 마음을 가
라앉혀보자. 그래야 욱하는 마음에 생각 없이 뱉은 한마디가 상
대방에게 비수가 되는 불상사를 막을 수 있다.

폴란드 SWPS 대학의 카타르지나 칸타레로Katarzyna Cantarero 심리

학 교수는 지쳐 있을 때일수록 상대에게 심한 말을 할 확률이 높아진다는 사실을 실험을 통해 확인했다. 연구 팀은 153명의 대학생을 두 그룹으로 나누어 생리학 논문을 읽게 했다. 이때 첫 번째 그룹에게는 모음 'e'가 들어간 부분에 밑줄을 긋도록 요구했다. 단지 선만 그으면 되는 간단한 일이었다. 반면 두 번째 그룹에게는 'e'가 들어간 부분에 밑줄을 긋는 같은 작업에 한 가지 자잘한 규칙을 추가하여 요구했다. 바로 'e' 옆에 다른 모음이 있을 때는 밑줄을 긋지 말아야 한다는 것이었다. 이는 은근히 사람을 신경 쓰이게 하고 피곤하게 만드는 작업이었다.

논문을 읽은 후에는 두 그룹 모두에게 아이가 그린 그림을 보고 그림을 그린 아이에게 감상을 전하는 과제가 주어졌다. 그리고 연구진은 이들이 아이를 기쁘게 하기 위해서 '멋진 그림'이라고 칭찬의 말을 건네는지, 아니면 냉정한 평가를 내리는지 관찰했다.

결과적으로 단순히 밑줄만 그으면 되어 피로감을 느끼지 않았던 첫 번째 그룹에서는 아이를 칭찬한 비율이 높게 나타난 반면, 정신적인 피로를 경험한 두 번째 그룹에서는 아이에게 직설적인 감상을 말한 비율이 높았다. 사람이 피곤하면 자기도 모르게 심한 말을 내뱉기 쉬워지는 것이다.

이렇게 짜증스럽고 신경이 뾰족뾰족 곤두서 있을 때 다른 사람에게 부주의한 말을 하지 않으려면 어떻게 해야 할까? 지극히 간단한 방법이지만 휴식을 취하는 것이 제일이다. 몸과 마음이 지치고 피로하다 느낄 때는 아주 잠깐이라도 휴식을 취해보자. 1분, 아니 30초만이라도 좋으니 눈을 감고 마음을 차분히 가라앉히면 기분이 한결 편안해진다. 음료를 마시거나 화장실에 다녀오는 등 몸을 움직여 잠시 기분을 전환하는 것도 방법이다.

아주 잠깐의 짬도 내기 어렵다면 크게 심호흡이라도 하자. 심호흡 정도는 업무에 방해되지 않으니 충분히 할 수 있을 것이다. 피곤한 나머지 혹시라도 누군가에게 심한 말을 했다면 "미안해! 내가 너무 피곤했나봐…. 정말 상처 줄 생각은 없었어."라고 반드시 사과의 말을 건네는 것도 잊지 말자.

분노 회로는
'타임아웃'으로 차단한다

미국 하버드 대학교 뇌조직 자원센터의 대변인이자 뇌과학자인 질 볼트 테일러Jill Bolte Taylor 박사의 연구에 따르면 울컥 화가 날 때 우리 몸에서는 분노와 관련된 화학물질이 분비된다고 한다.

감정 관리 전문가인 히라기 리온柊りおん의 저서 《감정미인으로 거듭나는 일곱 개의 문》感情美人になれる7つの扉을 보면 분노와 관련된 이 같은 화학물질의 흔적이 혈액 속에서 완전히 사라지기까지는 대략 90초의 시간이 걸린다고 한다. 이 말은 즉, 90초가 지나도 여전히 부글부글 화가 나는 현상은 스스로 분노를 일으키는 화학물질을 계속해서 내보내는 데 그 원인이 있다는 얘기다. 뇌 속에 존재하는 분노 회로를 차단하지 않았기 때문에 계속해

서 화가 나는 것이다. 결국 오래도록 이어지는 분노에는 어느 정도 본인의 잘못도 있는 셈이다.

일상생활을 하다 보면 짜증 나는 일 한두 가지 정도는 자주 겪는다. 하지만 그런 짜증스런 기분은 사실 1~2분이면 모두 사라진다. 짜증은 생각만큼 그렇게 오래가는 감정이 아니다.

그럼에도 짜증이 계속 나거나 화가 마구 치밀 때는 어떻게 해야 좋을까? 이럴 때는 '타임아웃'Time out을 갖는 방법이 매우 효과적이다. 일단 짜증이 난 상황이나 장소에서 벗어나 화장실이든 방이든 다른 공간으로 이동해보자. 그렇게 2분 정도 눈을 감고 머리를 식히는 방법이 바로 타임아웃이다.

간혹 스포츠 경기를 보다 보면 선수들의 집중력을 끌어올리기 위해 혹은 상대편에게 넘어간 경기의 흐름을 끊어놓기 위해 감독이 타임아웃을 외치는 경우를 볼 수 있다. 수분 보충을 하는 등 잠깐의 휴식을 취하게 하면서 선수들의 정신 상태를 전환시키는 것이다. 이렇게 적절한 타이밍에 타임아웃이 들어가면 선수들의 정신력이 흐트러지는 상황을 방지할 수 있다. 심리학에서는 기분을 전환하기 위한 기법으로 같은 명칭을 쓰지만 기본적인 원리는 심리학이든 스포츠든 모두 동일하다.

화가 난 장소에 그대로 머물러 있으면 계속해서 화난 마음이 가라앉지 않는 법이다. 이럴 때는 즉시 그 장소를 벗어나자. 잠깐 바람을 쐬러 나가도 좋고 화장실에서 잠시 눈을 감고 가만히 앉아 있기만 해도 좋다. 차에 가서 2분 정도 휴식을 취해도 상관없다. 어쨌든 시선을 살짝만 다른 곳으로 돌려도 마음이 상쾌하고 가벼워진다. 분노를 유발하는 화학물질은 90초면 사라지기 때문에 몇 십 분씩 휴식을 취할 필요는 없다. 1~2분 정도의 타임아웃으로도 충분히 마음을 가라앉힐 수 있다.

짜증이나 화가 날 때 1부터 10까지 천천히 숫자를 세면 도움이 된다는 말을 많이 하는데 이는 반쪽짜리 해법이다. 그 공간을 벗어나지 않은 상태에서 아무리 숫자를 헤아려봤자 짜증만 계속될 뿐이다. 그러니 감정적으로 격해질 때는 일단 지금 있는 공간에서 벗어나야 한다는 사실을 항상 염두에 두자. 운동선수들도 타임아웃이 선언되면 코트에서 잠시 빠져나온다. 그래야만 기분 전환이 쉽게 이루어질 수 있다.

"80점만 하면 충분해."

무슨 일이든 너무 완벽하게 해내려는 태도는 행복한 삶의 측면에서 보면 그다지 바람직하지 않다. 모든 일에서 100점 만점을 받기란 예상보다 훨씬 어려운 일이다. 게다가 완벽을 목표로 하다 보면 상당한 스트레스를 받을 수밖에 없다.

시험만 해도 80점이나 90점은 노력하면 나름 어떻게든 받을 수 있는 점수지만 100점은 상당히 험난한 목표다. 80점을 받는 데 10의 노력이 필요하다면 100점을 받기 위해서는 그 몇 배의 노력이 요구된다. 심지어 많은 공을 들여도 100점을 맞을 수 있다는 보장은 어디에도 없다.

이렇게 완벽주의를 고수하다 보면 에너지가 금세 고갈되고 만다. 그러니 앞으로는 목표를 '80점 받기'로 바꿔보자. 무슨 일을 하든 '80점만큼 하면 충분하다'고 자신을 격려하는 사고방식이다. 80점은 노력하면 어떻게든 달성할 수 있는 점수다. 그러니 목표를 80점에 맞춰서 세우는 습관을 들이도록 하자.

스탠퍼드 대학교의 철학과 명예교수인 존 페리John Perry 는 저서 《미루기의 기술》에서 일과 관련된 작업을 시작하기 전에 항상 다음과 같은 질문을 스스로에게 던지면서 답을 고민하는 시간을 갖는다고 말한다.

"결과가 완벽하지 않아도 어느 정도 괜찮다고 생각하는가?"

"적당한 노력을 들였을 때 과연 어떤 결과가 나올까?"

이렇게 자문자답을 해보면 대개 '결과가 완벽하지 않아도 별로 문제없다'는 식의 결론이 도출된다고 한다. 그러면 마음이 한결 편안해진다.

현실적으로 100점 만점을 맞아야만 하는 세상일은 그리 많지 않다. 오히려 70점이나 80점만큼만 해도 충분히 합격점 안에 드는 경우가 대부분이다. 그렇다면 100점 만점을 목표로 하는 것은 오히려 효율적이지 못한 태도가 아닐까? 굳이 비현실적인 목표를 바라보며 온 힘을 쏟거나 무리하게 도전할 필요는 없다.

이 세상에 완전무결한 인간은 결코 존재하지 않는다. 언제 어느 때나 완벽한 사람도 없다. 베스트셀러 작가라도 졸작을 발표할 수 있고 유능한 경영자라도 어떤 사업은 실패할 수 있다. 위대한 업적을 달성한 정치인일지라도 시행착오를 겪는다. 아무리 뛰어난 타자도 타율이 3할을 넘기는 힘들다. 평균적으로 나머지 7할은 실패를 맛본다는 뜻이다.

우리는 로봇이 아니기에 컨디션이 안 좋은 날도 있기 마련이고 그럴 때는 평소 잘하던 일에서도 당연히 실수를 한다. 그러니 모든 일에 꼭 완벽할 필요 없다. 행복해지고 싶다면 그것이 진정 인간다운 모습이라고 스스로 일깨워주자.

적당히 반성하는 말,
"그럴 수도 있지."

'일일삼성'-日三省이라는 말을 들어본 적 있는가? 공자의 제자인 증자가 '나는 매일 하루에 세 번 반복하여 나를 살피고 반성한다'라고 언급한 데서 유래된 말이다.

이처럼 예부터 비범한 사람들은 반성하는 삶의 자세를 강조한 경우가 많다. 하지만 이번에는 증자를 본받으라는 의미에서 이 말을 꺼낸 것이 아니다. 오히려 '증자를 따라 하지 말라'는 당부가 이번 이야기의 핵심이라 하겠다.

물론 능력을 갈고닦기 위한 목적에서 자신에게 엄격한 잣대를 들이대는 태도는 정신적인 성장에 도움이 되기도 한다. 하지만 이 책의 가장 중요한 목적은 '행복해지는 방법'을 아는 데 있다. 그러니 반성만 하는 태도로는 결코 행복해질 수 없다는 사실을 기억해야 할 것이다.

행복을 위해서는 '적당히 반성하는 삶'을 기본 신조로 삼아야 한다. 만약 자신의 잘못이나 부족함에 대해 끊임없이 부정적인 생각이 든다면 다음과 같이 단호하게 말해보자.

"고민은 이제 그만! 반성은 충분해!"

물론 반성하는 태도 자체는 우리 삶에 바람직한 경우가 대부분이다. 하지만 너무 자주 반성을 하고, 그게 습관이 되면 수동적이고 우유부단하며 쉽게 기분이 우울해지는 성격으로 바뀐다. 실제로 쉽사리 자신을 책망하거나 반성을 많이 하는 사람일수록 우울증에 걸리기 쉽다는 연구 결과도 존재한다.

킹스칼리지 런던의 캐서린 피어슨Katherine Pearson 심리학 연구원은 우울증으로 치료를 받은 사람은 한 번도 우울증에 걸리지 않은 사람에 비해서 반성하는 횟수가 많다는 사실을 밝혀냈다. 연구에 따르면 사소한 일에도 지나치게 고민하는 예민한 타입일수록 우울증의 위험으로부터 자유롭지 못하다고 한다.

살다 보면 아무리 배려한다고 해도 누군가로부터 미움을 살 때가 있다. 하지만 그렇다고 해서 나 자신을 너무 책망할 필요는 없다. '내가 어떤 잘못을 한 걸까?' 하고 아무리 생각해봤자 상대의 속마음을 들여다볼 수는 없으니 이런 생각을 하는 자체가 무의미한 시간 낭비일 뿐이다. 그럴 때는 "그래, 그럴 수도 있지, 뭐." 하고 가볍게 받아들이면 된다. 결코 반성할 타이밍이 아니다.

물론 반성을 통해서 어떤 문제가 해결된다면 자신을 돌아보는 일도 때론 필요하다. 하지만 지금껏 여러분의 인생에서 반성을 통해 상황이 나아졌던 경험이 과연 몇 번이나 있었는지 솔직하게 떠올려보자. 아마 '그런 적이 거의 없다'가 현실적인 대답일 것이다.

그럼에도 반성이 필요하다고 생각될 때는 반드시 시간을 정해놓는 습관을 들이도록 하자. '지금부터 15분 동안만 고민하는 거야!' 하는 식으로 정해놓은 시간이 지나면 반성은 거기에서 멈춰야 한다. 정해진 시간 이상의 반성은 결코 바람직하지 않다.

또한 반성은 생산적이고 건설적인 관점에서 이루어져야 한다. '내가 잘못한 거야', '결국 내 이런 점이 문제였어'처럼 자신의 단점만 지적하는 자학적인 반성은 시간을 정해서 해도 아무런 의미가 없다. 이런 식으로 생각이 흘러갈 때는 그 즉시 반성을 멈추도록 하자.

상처 주는 말에
반응하지 않는 연습

행복해지기 위해서는 누군가에게 어떤 말을 듣더라도, 특히 나를 비난하는 부정적인 말일수록 버들가지에 바람이 스쳐가듯 귀담아듣지 말고 흘려버리는 태도가 필요하다. 초연한 태도로 전혀 신경 쓰이지 않는 듯한 얼굴을 하고 있으면 오히려 상대만 우스운 꼴이 되고 저절로 하던 말을 멈추게 된다.

스위스 뇌샤텔 대학교 조직심리학 연구소의 렌조 비앙키Renzo Bianchi 박사는 교사 5,575명을 대상으로 자신이 얼마나 민감한 타입인지를 알아보는 설문조사를 진행했다. 설문지는 '타인의 비판에 얼마나 민감하게 반응하는가?'와 같은 질문들로 이루어져 있었다. 1차 설문조사를 끝내고 나서 21개월이 지난 후에 다시 한번 조사를 진행했더니 과민한 유형으로 분류된 사람일수록 번아웃 증후군으로 의심되는 증상을 보이고 있다는 사실이 드러났다.

예민한 사람은 감정적으로 녹초가 되기 쉽다. 작은 일에도 민감하게 반응하다 보면 누구나 지치기 마련이니 번아웃 증후군에 빠지는 것도 어찌 보면 당연하다. 이럴 때는 타인의 말에 일일이 반응하지 않는 것이 가장 현명한 대처법이다. 직접 얼굴을 맞댄 상태에서 뭔가 지적을 받든 인터넷에서 비난을 당하든 내게 상처가 될 수 있는 말이라면 한 귀로 듣고 한 귀로 흘려버려야 한다.

타인의 말을 흘려들을 때 포커페이스를 유지하는 것도 방법 중 하나다. 마치 가면처럼 무표정한 얼굴을 유지하면 불필요한 감정의 동요를 훨씬 줄일 수 있다. '그래그래, 당신이 하는 말은 다 옳구나' 하고 대충 흘려들으면서 냉정하게 대처하면 된다.

감정의 동요를 널어내는 또 하나의 비결은 상대의 말을 진지하게 듣지 않는 자세다. 누군가 대놓고 싫은 소리를 할 때는 그 사람의 흰머리 개수를 헤아려보자. 아니면 넥타이 매듭 부분만 빤히 바라보거나 고개를 숙인 채 바닥의 얼룩을 관찰해도 좋다. 그러다 보면 어느새 상대의 이야기가 끝나 있게 된다.

또한 요즘은 SNS 활동이 활발하다 보니 에고서핑Egosurfing(본인 이름 검색하기)으로 굳이 자신과 관련된 험담을 찾아보는 사람도 있다고 한다. '와, 내 욕을 발견했어! 엄청 기쁘다!'라고 생각할 사람은 아무도 없다. 누군가가 모르는 곳에서 나에 대한 험담을 해도 그 사실을 알지 못하면 굳이 신경 쓰이지 않는다. 그러니 지나친 에고서핑은 자제하는 편이 바람직하다.

누군가 나에게 상처가 되는 말을 할 때 내 쪽에서 그 이유를 알기란 힘들다. 그냥 짜증이 나서 누군가에게 화풀이하고 싶은 마음일 수도 있고, 단순한 참견인지도 모른다. 그것도 아니면 자신이 우위에 있다는 점을 새삼스레 어필하려는 행동일지도 모른다. 이처럼 타인의 비난은 이유를 정확히 알 수는 없지만 어찌 됐든 당하는 사람 입장에서는 아무런 가치도 없는 경우가 대부분이다. 그런 의미도 없는 말에 성실히 귀를 기울이며 나의 감정까지 부정적으로 만들지 말자.

행복에도 연습이 필요하다

이 세상에 '일부러 불행한 인생을 살아야겠다'고 다짐하는 사람은 아마 한 명도 없을 것이다. 그런데 놀랍게도 '행복해지기 위해서 무언가를 해야겠다'고 생각하는 사람 역시 그리 많지 않다. 아니 오히려 거의 없다는 말이 맞을지도 모른다.

대체 왜 그런 것일까? 나는 오랫동안 '어째서 사람들이 행복해지기 위한 행동을 하지 않을까'에 대해 많은 고민을 해왔고 그 결과 드디어 어떤 중요한 사실 하나를 깨달았다. 바로 '방법을 몰라서'였다.

일과 관련하여 다양한 사람들을 만날 때마다 나는 행복을 위한 구체적인 몇 가지 방법들을 일러주곤 한다. 그럴 때마다 사람들은 눈을 반짝이면서 "와, 좋은 걸 배웠어요!" 하고 진심으로 기뻐하는 모습을 보였다. 모두 행복해지고 싶은 바람은 있지만 행복해지기 위해서 구체적으로 무엇을 어떻게 하면 좋을지 그 수단에 대해 알지 못했던 것이다. 모르니까 당연히 실천하는 일도 불가능했다. 그들이 행복해지기 위한 행동을 하지 않았다기보다 더 정확히 표현하면 '할 수 없었다'는 이야기다.

비슷한 고민을 하는 이들이 굉장히 많음을 알기에 언젠가 기회가 되면 '행복해지는 방법'을 책으로 엮어서 사람들에게 도움이 되고 싶다는 바람을 늘 갖고 있었다. 그러던 중 슈와 시스템의 이시바시 미키 담당자가 행복해지기 위한 책을 써보지 않겠냐는 의뢰를 해왔다. 때맞춰 찾아온 행운 덕분에 이 책은 세상의 빛을 볼 수 있게 됐다. 하고 싶은 일을 간절히 소망하다 보면 그것이 정말로 실현된다는 이야기를 본문에서도 언급했는데 이 책의 존재가 바로 그 증거다. 이번에 책을 낼 수 있었던 까닭도 늘 '행복을 위한 책'을 쓰고 싶다는 간절한 바람을 간직했기에 가능했던 일이라고 생각한다.

간절히 바라온 만큼 내가 알고 깨닫게 된 범위 내에서 행복해질 수 있는 모든 심리적인 기법들을 이 책에 빠짐없이 담았다. 책에서 소개한 방법을 하나하나 실천하다 보면 누구나 어려움 없이 행복에 성큼 다가가게 되리라 확신한다. 여러 연구들로 검증된 정말 확실한 방법들이기 때문이다.

마지막으로 지금까지 함께한 모든 독자 여러분에게 감사의 말을 전하고 싶다. 끝까지 따라와주어 진심으로 고마울 따름이다.

이제 손쉬운 방법부터 차근차근 행복을 실천해나갈 차례다. 한두 개라도 간단해 보이거나 마음에 담아둔 것부터 꼭 시도해보기를 바란다. 분명 여러분도 이 책에 실린 방법의 효과를 금세 실감하게 되리라 확신한다.

나이토 요시히토

부록

곁에 두고 매일 꺼내 보는

긍정 확언 카드

다음의 긍정 확언 카드에
자신만의 다짐을 적어
지갑 등에 넣어두고 되새겨보세요.

자신감이 떨어질 때

"나 역시 노력하면
할 수 있어!"

"

"

아침에 일어났는데 컨디션이 좋지 않을 때

"오늘은 좋은 사람을
만날 것 같아!"

"

"

매일매일이 똑같은 하루라고 느껴질 때

"아무 일도 없다는 게
얼마나 감사한지!"

"

"

눈떴는데 1분이라도 더 자고 싶을 때

"그래, 일단 몸을
일으켜야 해!"

"

"

안 좋은 일이 생겼을 때

"일단 어떻게 하면
좋을까?"

"

"

자신의 단점만 눈에 보일 때

"난 정말 잘했어!
최고야!"

"

"

이루고 싶은 목표가 생겼을 때

"나는 1년 뒤에
분명히 해낼 거야!"

"

"

해결하기 어려운 과제와 맞닥뜨렸을 때

"나는 어떤 장애물도
뛰어넘을 수 있어!"

"

"